供电企业
"钱海军式"社区经理
工作实务

■ 国网浙江省电力有限公司 ◎ 编著

企业管理出版社
ENTERPRISE MANAGEMENT PUBLISHING HOUSE

图书在版编目（CIP）数据

供电企业"钱海军式"社区经理工作实务 / 国网浙江省电力有限公司编著. -- 北京：企业管理出版社，2024.10

ISBN 978-7-5164-2945-7

Ⅰ. ①供… Ⅱ. ①国… Ⅲ. ①供电－工业企业－商业服务－中国 Ⅳ. ①F426.61

中国国家版本馆CIP数据核字(2023)第186408号

书　　　名：	供电企业"钱海军式"社区经理工作实务
书　　　号：	ISBN 978-7-5164-2945-7
作　　　者：	国网浙江省电力有限公司
策　　　划：	蒋舒娟
责 任 编 辑：	刘玉双
出 版 发 行：	企业管理出版社
经　　　销：	新华书店
地　　　址：	北京市海淀区紫竹院南路17号　邮　编：100048
网　　　址：	http://www.emph.cn　电子信箱：metcl@126.com
电　　　话：	编辑部（010）68701661　发行部（010）68701816
印　　　刷：	北京亿友数字印刷有限公司
版　　　次：	2024年10月第1版
印　　　次：	2024年10月第1次印刷
开　　　本：	700毫米×1000毫米　1/16
印　　　张：	8.5印张
字　　　数：	122千字
定　　　价：	58.00元

版权所有　翻印必究 · 印装有误　负责调换

编委会

主　　编：杨玉强
副 主 编：张宏达　胡若云　李付林　王　谊　徐以章
委　　员：沈　皓　严华江　刘　欢　徐　杰　胡　海
　　　　　张甦涛　董绍光　岑迪庆　张　睿　石科明
　　　　　朱　斌　费　巍

编写组

组　　长：胡若云　王　谊
副 组 长：沈　皓　严华江　徐　杰
成　　员：刘　欢　朱　林　蒋　群　赵　睿　刘　政
　　　　　毛倩倩　张甦涛　胡　海　李文达　钟永颉
　　　　　张建赟　叶丽雅　严晓昇　赵婉芳　张　立
　　　　　王　刚　潘喆琼　虞燕娜　赵文锴　张　也
　　　　　王　妍　张　力　邵麒麟　胡瑞瑞　周　斌
　　　　　王长江　杨建立　许　巍　王学思　沈华胄
　　　　　张娅玲　柯方圆

序 言

社区服务，是指社区组织直接为社区成员提供的公共服务和物质、文化、生活、志愿服务以及其他个性化服务。按照国务院办公厅印发的《"十四五"城乡社区服务体系建设规划》的相关要求，要以习近平新时代中国特色社会主义思想为指导，坚持以人民为中心，以增进人民福祉为出发点和落脚点，以强化为民、便民、安民功能为重点，以不断满足人民高品质生活需求为目标，加快完善党建引领社区服务体系建设，增加服务供给，补齐服务短板，创新服务机制，为推进基层治理体系和治理能力现代化建设奠定坚实基础，让人民生活更加美好，让基层更加和谐稳定，让党的执政基础更加稳固。电力供应作为公共服务之一，关系国计民生，随着现代化经济生活的多维发展，全社会对电力的依赖程度不断提高，电力供应的安全可靠、优质便捷与社会经济发展和社会秩序稳定紧密相连。

为了让更多基层社区经理学习"时代楷模"钱海军二十年如一日的服务精神、品质和方法，深入践行"五解服务法"，针对社区供电服务高频诉求、高频业务，特编纂系列工作指导手册。

本书重点围绕"一个钱海军，变成千万个社区经理"的核心思路，全面借鉴政府社区管理的做法与经验，落实社区服务的内涵与要求、优质服务的标准与理论，全面规范电力社区经理的岗位职责、服务内容、服务场景，不断增强城市社区、农村社区、工业社区的供电服务能力，形成四章主要内容。

由于时间仓促，加之编者水平有限，书中不当之处在所难免，敬请广大读者提出宝贵意见。

目 录

第一章 服务背景 1
一、社区的基本概念和类型 1
二、我国社区的职能和浙江社区治理的经验 4
三、社区服务的基本内涵和要求 11
四、国家电网公司卓越供电服务的要求 22

第二章 服务要求 26
一、党建引领，强根铸魂 26
二、卓越服务，以客为先 28
三、明岗定责，统一认知 29

第三章 日常运营 36
一、初识社区 36
二、服务处理 61
三、社区信赖 70

第四章 作业技巧 92
一、社区上岗 92
二、编制计划 98

三、联络走访 99
四、搜信建档 102
五、信息告知 106
六、业务办理 109
七、社区共建 112
八、涉电支持 115
九、安全服务 120
十、社区关怀 122

第一章 服务背景

一、社区的基本概念和类型

（一）社区概念的缘起

"社区"一词最早出现于1871年英国学者梅因（H. S. Maine）所著的《东西方村落社区》一书中。1887年，德国社会学家斐迪南·滕尼斯（F. J. Tonnies）在其所著的《共同体与社会》中研究了共同体这一概念。

在社区研究的早期，学者注重从血缘纽带和共同体价值的角度对社区这一概念进行界定。斐迪南·滕尼斯在《共同体与社会》一书中将"gemeinschaft"一词解释为一种基于亲族血缘关系而结成的，由同质人口组成的具有共同价值观，关系密切、出入相友、守望相助的富有人情味儿的社会群体。在这里，"社区"一词并无明确的地域含义，更多的是强调人与人之间的亲密关系和人对社区强烈的归属感和认同感。在当时，这种社区是传统乡村社区或小农社会的代表。

随着"社区"一词传入美国，美国社会学家在使用community这一学术概念时，将对社区的研究从农村延伸到城市。随着城市化的快速发展，在研究城市中人际关系密切的生活共同体的过程中，美国社会学家发现其与地域有一定的相关性，进而较为明确地赋予"社区"一词以地域方面的含义。比较有代表性的观点有：芝加哥学派学者罗伯特·帕克（Robert E. Park）认为:"社区是在一块被或多或少明确地限定了的地域上的人群汇集","一个社区不仅仅是人的汇集,也是组织制度的汇集"。美国学者埃弗里特·罗吉斯(Everett M. Rogers)与拉伯尔·伯德格(Rabel J. Burdge)则认为:"社区是一个群体,它由彼此联系、处于同一地域的一群人所组成。社区是一种简单群体,其成员之间的关系建立在地域的基础上。"

(二)社区的基本构成要素

对于构成社区的基本要素,国内外学者提出了包括三要素论、四要素论、五要素论等在内的很多观点。综合国内外学者的看法,可将社区的基本构成要素总结如下:

① 社区是以一定的社会关系为纽带组织起来的具有一定数量的人的群体;

② 社区具有一个相对明确、相对稳定、相对独立的地域空间;

③ 社区成员具有共同的社会生活、行为规范和社区意识;

④ 社区具有各类社会活动的人际互动关系;

⑤ 生活在社区内的人们在心理上具有对社区的归属感和认同感;

⑥ 社区具有维护公共利益与秩序的公共服务设施与社区组织机构;

⑦ 社区具有一定的社区文化。

(三)社区的主要特征

综合国内外学者的观点,可将社区的基本特征总结如下:

① 社区是一个社会实体,是社会的缩影;

② 社区以聚落作为自己的依托或物质载体;

③ 社区是人类活动的产物;

④ 社区具有多重功能;

⑤ 社区处于不断变迁之中;

⑥ 社区是人们参与社会活动的基本场所;

⑦生活在社区中的人处于一种相互依赖的互动关系中。

（四）社区的类型

根据不同的分类方法和分类标准，社区可以被进一步划分为不同的类型。通过对研究文献的综述，现将目前学界主要的分类方法总结如下：

1. 按空间特征分类

根据是否具有明显的地域空间特征，可将社区分为空间性社区和非空间性社区。空间性社区具有明显的地域空间特征，它包括三类：① 法定社区，即国家依法划定的地方行政区；② 自然社区，即人类在生产和生活中自然形成的社区；③ 专门社区，即人们因从事某种专门活动而在一定区域空间内聚居形成的社区。非空间性社区也叫精神社区，这种社区没有明显的地域空间界线，主要依靠成员共同的价值观念、生活方式和信仰等维系，如宗教社区。

2. 按功能分类

按照功能的差异，可将社区分为经济型社区、行政型社区、文化型社区、宗教型社区等。同时，我们可以就上述社区的活动特征进行更具体的分类，如经济型社区可进一步分为工业型社区、商业型社区等，文化型社区可进一步分为文化教育型社区、民间文化型社区等。

3. 按形成方式分类

根据形成方式，可将社区划分为自然社区和法定社区。自然形成的社区被称为"自然社区"，它是人们聚地而居，自然而然产生出共同意识，并形成对居住地的归属感和认同感的社区。在这种社区中，共同体的特征比较突出。法定社区则一般是由政府基于管理的需要而人为划定的社区。这种社区的边界十分清晰，社区中自上而下的权力关系作用较强，而居民的社区意识、认同感和归属感则不如自然社区强烈。

4. 按规模分类

社区规模主要表现为人口数量的多少、地域面积的大小等。按照规模这一空间尺度，可将社区分为巨型社区、大型社区、中型社区、小型社区和微型社区。巨型社区是指聚居的人口很多、地域面积很大的社区；微型社区则指人口很少、地域面积也比较小的社区。

5. 按照完整性分类

根据社区结构及社区生活的完整性差异，可将社区划分为整体性社区和局部性社区。整体性社区是指相对独立，基本上具备人类社区的主要方面，并且能够满足绝大多数居民主要生活需要的社区，如一个城市、一个集镇等。绝大多数社区成员的经济、政治和文化活动都是在本社区范围内进行的，局部性社区只是整体性社区的一部分。

二、我国社区的职能和浙江社区治理的经验

（一）我国社区的职能

社区是指居住在一定地域内的人们组成多种社会关系的生活共同体。

社区是社会治理的基本单元。社区治理关系到国家大政方针贯彻落实，关系到居民群众切身利益，关系到城乡基层和谐稳定。社区具有社会管理职能和服务职能（见表1.1和表1.2）。

表1.1 社区的社会管理职能

模块	职能	
社区民主自治	民主选举	扩大直选范围
	民主决策	居民会议
		议事协商
		民主听证
	民主管理	—
	民主监督	居务公开
		民主评议
	财政独立	—

续表

模块	职能
社区服务供给	—
社区文化建设	1. 开展社区教育，加强对社区成员的社会主义教育、思想政治教育和科学文化教育； 2. 组织具有社区特色的社区文化活动； 3. 完善社区文化设施建设； 4. 利用社区内的各种专栏、板报宣传社会主义精神文明； 5. 制定融合社会主义核心价值观的居民公约； 6. 建立健全社区道德评议机制，发现和宣传社区道德模范、好人好事，大力褒奖善行义举，引导社区居民崇德向善； 7. 组织开展文明家庭创建活动
社区环境治理	1. 通过宣传等增强社区居民的环境保护意识； 2. 赋予社区居民对社区环境的知情权； 3. 加强城乡社区环境综合治理，做好城市社区绿化美化净化、垃圾分类处理、噪声污染治理、水资源再生利用等工作，着力解决农村社区垃圾收集难、污水排放、秸秆焚烧等问题； 4. 广泛发动社区居民参与环保活动

表 1.2 城市社区的服务职能

模块		职能
社区服务机构	—	提供基本公共服务
		社区就业、社会保障服务
		社区医疗卫生和计划生育服务
		社区社会服务
		社区文化、教育、体育服务
		社区法律、安全服务
	社区便民利民服务	社区物业服务
		社区短途通勤公交服务
		社区公共事业服务
		社区生活服务
	社区志愿服务	以家政服务、文体活动、心理疏导、医疗保健、法律服务、交通安全宣传教育等为主要服务内容，以低保对象、空巢老人、留守儿童、残疾人为主要服务对象
	社区专业社会工作服务	以精神慰藉、资源链接、能力提升、关系调适、社会融入、社区照顾、社区矫正、社区戒毒、社区康复等为主要工作内容

续表

模块	职能	
社区服务设施	社区综合服务设施	街道社区服务中心建设
	社区专项服务设施	社区服务站建设
	社区服务网点	
社区服务人才队伍	社区服务人才来源	以社区党组织、社区自治组织成员为骨干,以社区社会工作者和其他社区专职工作者为支撑,以社区志愿者为补充
	社区服务人才培养与使用	社区服务人员任职培训、在职培训和专门培训,支持和鼓励社区服务人员参与社会工作等各种职业资格考试和学历教育考试,制定社区工作者管理办法,建立健全社区工作者职业序列
社区服务信息化	社区公共服务综合信息平台	—
	智慧社区	—
社区服务机制	社区自我服务机制	社区服务型党组织
		社区自治组织
		社区群团组织
		社区社会组织
	政府购买社区服务机制	
	社区"三社联动"机制	以社区为平台,以社会组织为载体,以社会工作专业人才为支撑

资料来源:《城乡社区服务体系建设规划(2016—2020)》。

(二)浙江社区治理的经验

根据浙江全省社区调研结果,政府网格化服务管理成为社区治理的金字招牌。浙江省深入学习贯彻党中央、国务院关于城乡治理的决策部署,坚持和发展新时代"枫桥经验",践行"浦江经验",实行网格化管理、精细化服务、信息化支撑,持续创新自治、法治、德治相结合的基层社会治理体系,推进基层治理体系和治理能力现代化。

"枫桥经验"指20世纪60年代初,浙江省诸暨县(现诸暨市)枫桥镇干部群众创造的"发动和依靠群众，坚持矛盾不上交，就地解决，实现捕人少，治安好"的经验。

这一经验得到了毛泽东同志的肯定，并要求各地仿效和推广。随后，"枫桥经验"成为全国政法战线的一面旗帜，并在长期的发展过程中不断创新和完善，形成了具有鲜明时代特色的新经验。

新时代，"枫桥经验"在发展中实现了"五个坚持"，即坚持党建引领，坚持人民主体，坚持自治、法治、德治相结合，坚持人防、物防、技防、心防相结合，坚持共建共享。其中，"三治"融合是新时代践行"枫桥经验"的主要路径。这一经验的创新发展，不仅推动了基层社会治理模式的转变，还成为全国基层综合治理的一面旗帜，为推进更高水平的平安中国建设做出了新的更大贡献。

总的来说，"枫桥经验"的核心是发动和依靠群众，坚持矛盾不上交，就地解决，其随着时代的发展而不断创新和完善，对于加强和创新社会治理、维护社会稳定和促进社会和谐具有重要意义。

"浦江经验"的主要内容是"变群众上访为领导下访，深入基层，联系群众，真下真访民情，实心实意办事"。

具体来说，要深学细悟"为民解难、为党分忧"的政治担当，通过下访倾听群众呼声，了解群众疾苦，解决群众困难，满足群众心愿，维护群众权益；深学细悟"领导多下去，群众就少上来"的群众路线；深学细悟"要到矛盾多的地方去，往矛盾'窝'里钻"的务实作风；深学细悟"要挂牌、出公告，做到家喻户晓，扩大接待面"的管用办法；深学细悟"不能含糊，竭尽全力，确保件件有回音、事事有结果"的严谨品格；深学细悟"领导干部下访，不是替代当地工作，也不是信访工作的唯一形式"的辩证思维。

1. 网格化管理

网格，是指在城乡、村以及其他特定空间区域之内按照一定标准划分形成的边界清晰、大小适当的社会治理基本单元。

网格化服务管理，是指在党组织统一领导下，在网格内配置服务管理人员，对社会事务统筹实施精准服务、有效管理的社会治理基本方式。

（1）网格划分标准

浙江社区按照规模适度、覆盖有效的要求，大力推动网格调整优化，构建"村（社区）—网格—微网格（楼道、楼栋）"治理体系，推动网格建设与治理需求更加契合。一是荷载适当，优化网格布局。在行政村以自然村、村民小组为单元划分网格，在城乡社区以小区为单元划分网格，每个网格覆盖300至500户。在3000户以上且人户分离占比高、治理难度大的融合型大社区、大单元，按200至300户标准划细划小网格。二是延伸触角，提升治理精度。土地已经流转、已经社区化、人员相对集聚的村按照地域或楼栋划分微网格，延伸治理触角，缩小治理颗粒度。三是多网合一，实现一网统管。大力推进基层治理"一张网"建设，实行市县乡"三级过筛"，推动市场监管、消防、综治等各类基层网格整合融合。健全落实网格事项准入制度，完善准入清单和审查机制，明确网格职责范围之外的事项不得交由网格承担。

（2）网格队伍配置

浙江社区采用"1+3+N"模式配置网格力量："1"即1名网格长，由村（社区）干部担任；"3"即1名专职网格员、1名兼职网格员、1名由包联干部担任的网格指导员；"N"即网格内其他力量，由微网格长以及专业执法人员、基层党员干部、志愿者等其他参与网格服务管理的人员组成。

网格长对网格化管理服务工作负主要管理责任，牵头处理网格内日常事务，统筹开展网格服务管理。

专职网格员协助网格长开展工作，做好政策法规宣传、服务需求收集、社情民意上报、矛盾纠纷化解、基础数据采集、安全隐患排查、先期应急处突、便民代办服务等工作。每个网格应至少配备一名专职网格员。

兼职网格员一般由村（社区）党员骨干、村（居）民代表、小组长、楼道长、"两代表一委员"、平安志愿者等担任。外来流动人口较多的网格可发展部分外来人员担任兼职网格员。兼职网格员协助网格长和专职网格员处理网格内日常事务。

网格指导员负责指导、督促、协调、参与网格化服务管理工作。

微网格长协助网格长、专职网格员做好信息摸排、宣传教育、情况上报、服务管理等工作。

（3）网格服务事项

网格化服务管理事项主要包括以下内容：

① 宣传党和国家方针政策、法律法规；

② 依法采集、上报、更新网格内实有人口、住所、建筑物、重点场所、组织机构等基础数据和动态信息，及时了解社情民意；

③ 排查网格内各类信访、矛盾纠纷和其他影响社会稳定的问题隐患，在规定时限内上报，并积极化解；

④ 联系走访服务群众，帮助解决困难诉求；

⑤ 根据政务服务改革有关规定，为困难群众提供协办、代办、代跑等便民服务；

⑥ 对自然灾害、公共卫生事件、群体性事件、生产安全事故等突发事件，第一时间发现报告、协同处置，同时启动应急响应机制，并协助有关部门开展处置工作；

⑦ 依法协助村（居）民自治，协助开展民主议事协商；

⑧ 法律法规规定的和网格化服务管理工作主管部门决定的其他事项。

2. 精细化服务

着眼于网格快响激活、平急转换，浙江政府社区治理强化源头信息采集、矛盾前端化解、服务凝聚群众、应急快速处置等功能职责，创新提出高效动员组织机制、灵敏感知治理机制、网格走访服务机制、专职星级管理机制、社区多方参与机制、组团包联管理机制。

（1）高效动员组织

按照"应建尽建、同步组建"原则，每个网格设立一个党支部或党小组，不断织密基层组织网，牵引网格治理。

（2）灵敏感知治理

发挥网格前哨探头作用，建立网格重点人员、重点场所、重点事项"三张清单"，通过包网入户、包楼联户等形式，推动网格团队成员全覆盖，结对联系网格内管理服务对象，经常性开展走访联系，及时发现并解决问题。

（3）网格走访服务

开展"守根脉、保平安、办实事"网格大走访活动，推动各地建立网格固定走访日、"三必到"和"七必访"等制度，及时回应解决群众托育养老等"关键小事"。

（4）专职星级管理

把专职网格员放到村（社）干部队伍建设中统筹考虑，健全规范县级统一教育培训、关爱激励、督查考评、不合格网格员退出等全链条管理机制，探索推行专职网格员星级管理。

（5）社区多方参与

社区把兼职网格员作为网格治理的重要力量，广泛吸纳网格内专业执法力量、基层党员干部、在职党员、志愿者等参与治理服务。

（6）组团包联管理

全面实行"分类定级、组团包联"，对全省2.4万多个村（社区）实行红黄绿"三色"管理，2900多名县级领导、7800多个县级部门、2.5万名镇街干部全覆盖包村社联网格。

3. 数智化管理

浙江社区治理抓住数字化改革契机，加快推进数字化在网格的深度应用，大力推动基层治理网与数字网融合。

（1）入格应用整合

对各类落到网格的数字化应用加强多跨整合，省级层面依托红色根脉强基工程应用，打造党建统领网格智治场景，开发建设"组团包联""战时集结"等功能，一键调度各方资源力量下沉网格开展治理服务。

（2）涉网数据归集

聚焦于提升网格对各类信息的归集能力，网格内依托治理小程序、微信群等平台，畅通社情民意反映渠道；网格外结合城市大脑、乡村大脑、产业大脑建设，推动跨层级、跨地域、跨部门数据互联互通。

（3）基层智治应用

开发建设基层智治系统综合应用，优化完善网格事件"吹哨"派单、分级办理、闭环处置机制，推动治理事项线上办理，大幅提高网格事件处置效率，做到"小事不出格，大事不出村，矛盾不上交"。

三、社区服务的基本内涵和要求

（一）社区服务的演进与发展

社区服务，是指社区组织直接为社区成员提供的公共服务和物质、文化、生活、志愿服务以及其他个性化服务。

社区和谐是社会和谐的基础，健全社区服务体系，强化社区自治和服务功能是社区和谐的前提。随着经济社区的快速发展，社区结构快速转型，大量"单位人""社会人"转变为"社区人"，社区日益成为社会成员集聚点、社会需求的交汇点、政府社会管理的着力点和党在基层执政的支撑点，构建以社区为重点的基层社会管理和服务体系已成为加强社会建设和创新社会管理的当务之急，得到了党中央和国务院的高度重视。

社区服务体系的首次提出是在《社区服务体系建设规划（2011—2015

年）》中。按照规划内容，社区服务体系是指以社区为基本单元，以各类社区服务设施为依托，以社区全体居民、驻社区单位为对象，以公共服务、志愿服务、便民利民服务为主要内容，以满足社区居民生活需求、提高社区居民生活质量为目标，党委统一领导、政府主导支持、社会多元参与的服务网络及运行机制。

按照《"十四五"城乡社区服务体系建设规划》的相关要求，城乡社区服务体系是指党委统一领导、政府依法履责、社会多方参与，以村（社区）为基本单元，以村（社区）居民、驻区单位为对象，以各类社区服务设施为依托，以满足村（社区）居民生活需求、提高生活品质为目标，以公共服务、便民利民服务、志愿服务为主要内容的服务网络和运行机制。按照规划要求，城乡社区服务体系应以"完善城乡社区服务格局、增强城乡社区服务供给、提升城乡社区服务效能、加快社区服务数字化建设、加强城乡社区服务人才队伍建设"为重点，着力强化为民服务、便民服务、安民服务功能，党建引领社区服务体系建设更加完善，服务主体和服务业态更加丰富，线上线下服务机制更加融合，精准化、精细化、智能化水平持续提升，社区吸纳就业能力不断增强，基本公共服务均等化水平明显提升，人民群众操心事、烦心事、揪心事更好解决，获得感、幸福感、安全感不断增强。

按照《浙江省城乡现代社区服务体系建设"十四五"规划》的相关要求，明确"城乡现代社区服务机制更优化、城乡现代社区服务效能更凸显、城乡现代社区服务手段更智慧、城乡现代社区服务队伍更壮大"的主要目标，推进政府购买社区服务机制建设，创新"五社联动"载体抓手，支持社会组织、社会工作专业人才、志愿者、慈善组织等提供专业化、品质化社区服务；基本形成城市社区"15分钟生活服务圈"、农村社区"30分钟生活服务圈"，实现基本公共服务普惠共享；整合城乡社区数据资源，完善数据共享交换机制，提升数字技术在政策宣传、民情沟通、便民服务、居民参与等多场景中的应用，高效匹配城乡社区服务供需，优化社区生活服务链，加快城乡社区现代化建设；按照社区规模、人口数量、管理幅度等因素科学匹配社会工作人员，持续推进社区工作者专业能力建设，打造一支专业化、职业化、现代化的社区工作者队伍。

基于规划要求，供电企业社区服务可以聚焦于以下重点工作任务：

1. 城乡现代社区服务机制改革创新工程

（1）参与"五社联动"机制

通过购买服务、公益创投、积分激励等项目化机制，吸纳社区公益资源，引进社会工作专业服务，统筹"五社联动"力量参与社区治理和服务。鼓励社区工作者参与社会工作者职业水平考试，运用社会工作理念提升社区治理质效。

（2）完善"民呼我为"机制

完善"民呼我为"基层治理机制，密切基层党委、政府与群众关系，及时了解掌握辖区居民所思、所需、所盼。完善"民呼我为"应用平台，建立快速响应、高效办理、及时反馈的闭环响应工作机制，满足群众的多样化服务需求。运用"村民说事""民情恳谈""小队议事会""乡贤参事会""民生圆桌会"等议事平台，充分了解居民需求，引导居民开展自助互动服务。

（3）优化服务供给机制

创新政府购买社区服务机制，同等条件优先购买3A以上等级的社会组织专业化服务，引导社区服务组织的专业化、品牌化、连锁化发展。完善社会力量参与社区服务的政策制度，鼓励国有企业、大型民营企业、社会组织等投资兴办普惠性非营利性托育、幼教、医疗、养老、文化、体育等服务机构，培育高质量教育、医疗、养老等服务品牌。完善公建民营、民建公助、委托代理服务等多样化服务供给方式，提高社区服务专业化水平。

（4）健全服务普惠机制

完善省域统筹机制，优化社区服务设施城乡均衡布局、社区服务资源有效配置，推动城乡社区公共服务均等化。发挥省域空间治理和资源要素保障的支撑作用，推动山区26县加快发展，深化"海岛支老""牵手同行""区域结对""山海协作"等城乡融合促进行动。以城乡社区服务机制、服务人才、服务资源融合发展为核心，鼓励专业服务组织、人才、项目、技术向加快发展地区、农村社区、水库移民安置社区等辐射延伸。

2. 城乡现代社区服务设施提档升级工程

（1）深化未来社区建设

聚焦于共同富裕现代化基本单元，强化党建统领未来社区建设，以优质社区服务为核心，把未来社区打造成为绿色智慧的有机生命体、宜居宜业宜游的生活共同体、共建共治共享的社会综合体。按照未来社区理念实施城市更新改造行动，联动推进城镇老旧小区改造、无障碍社区建设，打造多功能、复合型、亲民化社区生活场景。以社区服务中心为基本单元，根据人口分布、服务半径、设施布局等情况，推动城市社区服务综合体建设。

（2）探索未来乡村试点

全域实施新时代美丽乡村达标创建行动，高标准开展乡村规划设计，持续优化乡村布局，推进乡村片区化、组团式发展。加强历史文化（传统）村落保护利用。实施村级综合服务设施提升工程，推进农村基础设施、公共服务核心功能配套标准化建设。提档升级乡村基础设施，巩固提升农村居民饮用水标准，加快"四好农村路""数字乡村"建设，打造乡村物流体系。推动农村生活垃圾分类处理、生活污水集中处理、无害化卫生改厕全覆盖，深入开展乡村爱国卫生运动，提升乡村人居环境。开展未来乡村建设试点，迭代升级公共服务、未来邻里、乡村文化、特色风貌等治理场景。

3. 城乡现代社区公共服务优质共享工程

提升便民生活服务水平。鼓励邮政、金融、电信、供销、燃气、公交等公用事业服务和物流配送、资源回收服务覆盖所有城乡社区。整合社区便民服务和商业服务，大力推进社区服务综合体建设，引导社区超市、农贸市场、家政、快递、家电维修、洗衣缝补等便民利民服务集聚发展，开展项目化、一站式集成服务。支持社区服务企业发展，鼓励各类市场主体参与社区生活服务，创新社区商业经营模式，培育社区服务品牌企业。依托城乡社区综合服务设施、供销合作社等服务载体，为城乡居民提供农产品流通、农资供应、生活物品销售等服务。

4. 城乡现代社区服务手段智慧协同工程

（1）深化智慧社区建设

深化物联网、大数据、云计算和人工智能等信息技术应用，推动社区服务领域制度重构、流程再造、系统重塑，将"1612"和"141"体系按需贯通到城乡社区。健全完善城乡社区党群服务中心为服务主阵地，其他专项服务设施为补充，服务网点为配套，信息化平台为支撑的城乡社区公共服务设施网络。推广应用社区微脑等智慧服务平台，构建社区治理服务的网上办事、网格管理、居民自治、生活服务等智能化应用系统，实现社区基础数据管理信息化、业务处理网络化、公众服务便民化、统计分析科学化、服务监管智能化。

（2）加快数字乡村建设

实施乡村数字服务系统建设工程，数字化赋能农村社会事业，加强与城市大脑连接应用，推进"互联网＋"政务服务向乡村延伸覆盖。建立村级信息服务体系，加快"浙农码"赋码工作，推动涉农服务事项一窗口办理、一站式服务。创新"跟着节气游乡村"地图应用，打造美丽乡村数字生活应用场景。推进"乡镇（街道）公共财政服务平台＋一卡通"建设，实现到人到户财政补助资金精密智控，涉农补助和民生补贴财政资金"一卡通"发放。持续推进农户信用信息建档立卡工作，积极开展信用户、信用村（社区）、信用乡镇（街道）评定。加快信息技术在乡村治理领域的推广应用，推动全省乡村治理数字化系统建设。

（3）拓展智慧服务场景

以数字技术为支撑，持续推进民政大脑建设，开发社区议事协商、政务服务办理、社区养老、社区医疗等网上社区服务项目应用。提升"浙里救""浙里养"等信息平台的服务功能，及时回应困难群体服务需求，为老年人提供智慧化照护服务。发展城乡社区电子商务，探索建立无人物流配送体系。推动"互联网+"与城乡社区服务深度融合，培育新型社区服务业态和"浙系列""邻系列""享系列"等服务品牌，高效匹配社区全生活供需链条。

5. 城乡现代社区服务人才素质提升工程

加强社区服务人才建设。积极发展壮大社区社会工作人才、社区志愿者队伍力量，鼓励社会工作专业人才、社区志愿者更好参与社区治理和服务。加强驻村（社区）法律顾问、社会工作者、人民调解员等专业技术人才队伍建设。支持普通高校、职业院校开设社区服务相关专业，制定相关职业培训标准，加大社区服务人才培养力度。积极推动机关、企事业单位干部职工参与社区帮扶互助志愿服务活动，落实志愿者星级认定和激励制度，实现社区志愿服务队伍的可持续发展。

（二）优质服务的标准与要求

1. 获取极致客户体验是高品质服务的最终目标

（1）高品质服务原理及设计原则

ISO 23592：2021《优质服务 原则与模型》是优质服务领域的母标准，ISO 24082：2021《优质服务 设计高品质服务获取极致顾客体验》是其配套标准之一。ISO 23592：2021《优质服务 原则与模型》目的在于从理论角度指导组织提升高品质服务可持续提供能力，而 ISO 24082：2021《优质服务 设计高品质服务获取极致顾客体验》则从实践角度指导组织如何为顾客设计高品质的服务。

优质服务是为组织提供优质服务金字塔（见图1.1）中的"个性化的优质服务"（第3级）和"令人惊喜的优质服务"（第4级）的能力。其中"核心服务价值主张"和"顾客反馈管理"称为"基础服务"，个性化和令人惊喜的服务称为"高品质服务"。提供高品质的服务有助于组织创造极致的顾客体验，使顾客感到愉悦，其前提是由"核心服务价值主张"（第1级）和"顾客反馈管理"（第2级）组成的基础服务，以确保顾客满意。高品质服务可以使顾客感到愉悦，是实现极致顾客体验的关键。组织通过提供高品质的服务与顾客建立稳定和更好的关系，可以使其客户黏性不断增强，品牌价值不断凸显。

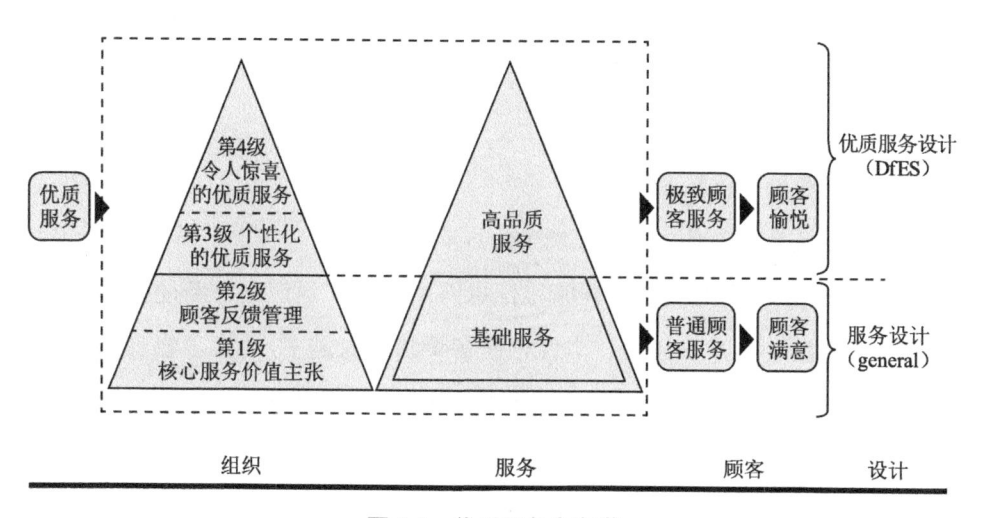

图 1.1　优质服务金字塔

高品质服务标准明确了高品质服务设计的原则，即个性化、自适应、与顾客共同创造以及使组织与顾客视角保持一致。要求组织基于自身能力和顾客需求，与顾客共同创造个性化的、能够迅速适应和响应顾客以及环境各种变化的服务，以增强顾客的正向情绪，获取极致顾客体验。围绕优质服务理论模型，要创造极致顾客体验，应从了解顾客需求、期望与愿望，设计并改进极致顾客体验以及服务创新管理三个方面入手。据此，高品质服务设计分为五项活动，具体包括：

① 理解与共情顾客，明确以顾客为中心的思想，通过与顾客共情，了解顾客的需求、期望与愿望，了解市场趋势，并建立顾客关系管理体系；

② 形成满足客户需求的价值主张，阐明组织应解决的服务问题，界定组织适宜的服务范围，以及明确创造顾客正向情绪的服务特征；

③ 通过触点和数据点设计极致顾客体验，通过记录服务交付方法、触点和顾客极致体验，从顾客旅程部署有效的服务触点，开发和使用服务蓝图，并依据现代技术开发有效的数据点；

④ 共同设计创造服务环境，组织应基于顾客和服务提供商之间的合作，设计和管理共创环境，强化触点以及数据点的共享与沟通，对员工进行赋权，并积极引导顾客与员工加入服务设计共创；

⑤ 对高品质服务的设计进行评估，从顾客、组织能力与可持续三个维度对高品质服务设计进行评估。

（2）高品质服务对电力社区经理的启示与思考

随着5G、物联网、人工智能等信息网络技术广泛应用，新能源汽车等产业发展迅猛，客户多元化、个性化服务诉求越来越多，"大云物移智"新技术与供电服务实现深度融合，传统供电服务朝着智能化、数字化、网络化转型，对便捷用电和智慧用能体验需求越来越高。这要求公司必须加快探索供电服务新体系，为客户提供个性化和令人惊喜的服务，打造供电服务新业态、新模式、新机制，支撑业务创新、辅助业务预测、促进价值挖掘，主动适应客户多元、个性的服务诉求，以最优的服务质量满足最新的服务需求。

高品质服务是服务的最高境界，理解与共情顾客，了解顾客的需求、期望与愿望，形成满足客户需求的价值主张，通过触点和数据点设计极致顾客体验，并且共同设计创造服务环境，积极引导客户与员工加入服务设计共创是高品质服务设计的初衷，也是电力社区经理服务设计过程中可遵循的基本思路。

2. 优化客户体验管理是全流程服务的重要基准

（1）优化客户体验管理是提升客户满意度和忠诚的重要方式

客户体验成为组织赢得市场竞争优势和可持续发展的关键因素，供电企业越来越关注客户体验水平以及通过卓越的体验创造客户价值和提升市场竞争力。实施客户体验管理是组织的一项战略决策，能够帮助组织提高整体业务绩效，提升客户满意度和忠诚，为提升市场美誉度、实现可持续发展奠定良好基础。《顾客体验管理指南》作为国家标准，重点披露了开展客户体验管理的六个关键点：建立适合的客户体验框架、开展客户体验策划和设计、采取适当的体验改进行为、收集信息建立客户体验理解、建立有效的体验测评机制、建立以人为本的组织文化。

供电企业顾客体验管理关键事项见表1.3。

表1.3 顾客体验管理关键事项

环节	事项	
建立适合的客户体验框架	组织环境	识别影响客户体验的内部和外部因素
		识别客户体验的相关方
		识别客户体验管理的范围
	框架建立	组织实施客户体验管理是一项系统化的工程，有必要结合组织环境建立客户体验框架，对客户体验进行策划、设计、开发、运行、保持和改进
	领导作用	组织的管理者，尤其是最高管理者，对于推进客户体验管理和改进具有至关重要的作用。缺乏领导是导致组织的客户体验管理成效不佳的一个重要因素
开展客户体验策划和设计	产品和服务、客户服务过程、平台、设备和应用、品牌形象	
结合环境进行体验设计	人际环境、实体环境、远程环境、数字环境	
采取适当的体验改进行为	客户体验不是一蹴而就的，卓越的客户体验是组织与客户体验相关的管理活动及其运行过程的结果，组织还需要采取适宜的行动持续改进、优化和创新客户体验	
改进客户交互体验	客户交互体验是客户与组织及其产品、服务与品牌的交互过程的体验感知。客户交互体验主要形成于发生在体验接触点的客户交互过程。客户体验接触点的类型很多，既包括网站、移动应用、在线客服、社交网络等线上接触点，也包括门店、产品展示、销售人员、物流配送等线下接触点	

续表

环节	事项	
改进客户旅程体验	组织应当从客户的视角出发建立对客户体验的完整理解。客户旅程图是对客户体验进行过程分析、发现改进机会并指导体验改进的实用工具。应用客户旅程图方法，可以将客户与组织的交互过程有机地贯穿起来，形成端到端的体验旅程，更完整地理解客户的体验期望和需求	
改进产品与服务体验	产品与服务体验是客户与组织的产品和服务的交互过程所感受到的体验和价值获得感。迪士尼乐园的产品和服务带给游客与众不同的沉浸式体验，苹果公司的产品和服务给用户创造了直接的使用价值和卓越的品牌体验。对于利用组织提供的产品和服务创造新的价值的客户来说，他们更看重产品和服务给他们带来的价值增值效用	
收集信息建立客户体验理解	收集信息	出现或确认负面体验时的报告；客户通过热线、投诉和其他方式反馈的信息；客户对感受到的体验的反馈；发起客户体验定量调查；客户评价；客户访谈；客户座谈会；对标研究；员工反馈；内部记录
	理解客户的体验	对上述信息进行收集的作用不仅是形成日常运营过程中与客户体验有关的记录，更重要的价值是能够基于这些信息建立对客户体验的全面理解。提升客户体验依赖组织所有部门和人员的协同努力，组织应建立适当的机制对体验相关的信息进行汇总、分析和应用，以促进客户体验管理的相关活动开展
建立有效的体验测评机制	测量客户关注的体验	以客户视角测量体验表现。结合客户旅程分析，理解客户重点关注的体验。相比客户满意度这样的感知类指标，产品可及性、服务解决率等指标更能体现客户成功获得的价值。组织应对客户关注的体验点进行测量，结合业务对标情况采取相应的体验改进
	测量影响业务成功的体验	这些指标不仅仅是业务经营绩效的表现，也是客户对于组织提供的产品和服务的价值的认可。测量对业务经营目标实现产生重要影响的业务环节或关键场景的体验，对于提升业务价值有着更加直接的效用。如果这些指标的改善能够在促进业务成功的同时促进客户体验的改善，就能形成客户体验与业务体验相互促进优化的有机循环

续表

环节	事项
建立以人为本的组织文化	向员工授权
	员工优先

（2）客户体验管理对电力社区经理的启示与思考

卓越的客户体验是组织与客户体验相关的管理活动及其运行过程的结果。在客户体验设计方面，从客户需求与期望出发，策划设计社区供电服务全过程体验优化提升管理，持续丰富产品体系；在客户体验策划方面，不断改进客户交互体验、客户旅程体验、产品与服务体验；在体验运作方面，不断收集倾听客户服务诉求，分析、理解、优化、应用客户体验信息；在体验评价方面，应对客户关注的体验点进行测量，结合业务对标情况采取相应的体验改进。

3. 运用服务质量差距模型是高质量发展的关键

（1）服务质量差距管理是提升客户服务质量的重要手段

美国学者白瑞、巴拉苏罗门及西思姆等所提出的服务质量差距模型，归纳出评价服务质量的5个评价指标，分别是有形性、可靠性、响应性、安全性和移情性。

有形性是指服务被感知的部分，如提供服务用的各种设施等。由于服务的本质是一种行为过程，而不是某种实物形态，因而服务具有不可感知的特征。因此，客户正是借助这些有形的、可见的部分来把握服务的实质。有形部分提供了有关服务质量本身的线索，同时也直接影响到客户对服务质量的感知。

可靠性是指社区经理能够准确无误地完成所承诺的服务。客户认可的可靠性是最重要的质量指标，它与核心服务密切相关。社区经理需要通过强化可靠性来建立自己的个人品牌。可靠性要求社区经理避免服务过程中的失误。

响应性主要指社区经理的反应能力，即随时准备为客户提供快捷、有效的服务。社区经理对客户的各项要求予以及时满足，把客户利益放在第一位。服务传递的效率是衡量服务质量好坏的一个重要标准。社区经理需要尽可能缩短让客户等待的时间，提高服务传递的效率。

安全性是指社区经理良好的服务态度和胜任工作的能力，增强客户对企业服务质量的信心和安全感。社区经理应具备良好的服务态度，具备渊博的专业知识，能够胜任服务的工作，会使客户对企业及其提供的产品产生信心，并对获得满意的服务感到愉快。

移情性是指社区经理能设身处地为客户着想，努力满足客户的要求。社区经理需要有一种投入的精神，想客户之所想，急客户之所需，了解客户的实际需要，以至特殊需要，千方百计予以满足，给予客户充分的关心和体贴，使服务过程充满人情味。

在这五个属性中，可靠性往往被客户认为最重要，是核心内容。

（2）服务质量差距管理对电力社区经理的启示与思考

服务质量差距管理重点聚焦于期望与客户感知的服务之间的差距，就是差距模型的核心。通过质量感知差距、质量标准差距、服务传递差距、市场沟通差距等全面传递客户满意价值，通过顾客质量分析、顾客满意度提升、品牌形象提升等，了解服务基础，改善服务环境，提升服务品质。

四、国家电网公司卓越供电服务的要求

（一）卓越供电服务的形势与挑战

卓越供电服务是贯彻党的二十大精神，服务人民美好生活需要、服务构建新发展格局的根本要求。党的二十大报告提出，必须坚持在发展中保障和改善民生，健全基本公共服务体系。进入新时代，人民美好生活需要日益呈现广泛化、多元化和品质化趋势，客户用电需求由"用上电"向"用好电""用好能"转变，越来越重视供电服务的便捷性、交互性和高品质。公司必须把服务人民美好生活需要作为工作的出发点和落脚点，加快建设卓越供电服务体系，抓重点、补短板、强弱项，推动服务资源高效配置、服务链条科学设计、服务产品充分供给，不断增强人民群众的满足感、获得感、幸福感。

卓越供电服务是加快建设世界一流企业、实现战略目标的重要任务。党中央、国务院高度重视、精心部署，要求围绕产品卓越、品牌卓著、创新领先、治理现代，全面加快建设世界一流企业。公司作为关系国家能源安全和国民经济命脉的特大型国有重点骨干企业，是世界一流企业建设的中坚力量。服务品质卓越作为电网企业"产品卓越""品牌卓著"的重要内涵和应有之义，要求我们加快构建卓越供电服务体系，全力以赴保供电、促发展、提质效、优服务，奋力推动"一体四翼"高质量发展，为公司加快建设具有中国特色国际领先的能源互联网企业提供更强动能。

卓越供电服务是适应能源绿色发展、电力市场化改革、数字化转型的必然要求。随着新一轮科技革命和产业革命深入发展，能源电力系统的安全高效、绿色低碳转型及数字化智能化技术创新已经成为新的发展趋势。公司必须紧跟形势，深刻领会落实"双碳"战略目标、新型电力系统建设、高质量发展对公司提出的新使命，准确把握电力市场化改革、技术发展进步等带来的新变化，以卓越供电服务体系建设为抓手，提升新兴业务开拓能力、供电服务数字运营能力、创新发展能力，在保障电力安全可靠供应、推动能源清洁低碳转型中担当作为，为经济社会发展提供坚强能源支撑。

卓越供电服务是深化现代供电服务体系建设、推动市场营销工作高质量发展的内在要求。近年来，公司坚持客户导向、市场导向，大力推进现代供电服务体系建设，不断探索优化供电服务机制，调整营销组织架构、岗位设置和业务流程，整体服务水平实现跃升，但距离卓越服务品质标准仍有差距。公司必须加快卓越供电服务体系建设，统筹谋划、系统推进供电服务变革提升，围绕业务、技术、组织、保障等方面，推动服务理念转变、管理模式调整和服务流程优化，加强对营销业务的质量管控和风险防范，奋力开创市场营销工作高质量发展新局面。

（二）卓越供电服务的内涵与要求

作为全球最大的公用事业企业，供电服务品质是公司的核心竞争力，是公司建设世界一流企业的重要一环。聚焦于全面满足客户对供电质量、体验感知、智慧服务和价值创造的期望，卓越供电服务品质应具备"产品卓越、便捷高效、数字智能、绿色经济"的内涵特征。

1. 产品卓越

供电质量显著提高，频繁停电、低电压等供电质量问题得到源头管控、闭环治理，抢修服务全部实现网格化、可视化、主动化。城乡之间、东西部电网之间的差距持续减小，供电质量基本实现均等化。适应新型电力系统的电力保供工作机制高效运转，用电安全服务全面到位，重要及民生客户用电保障坚强可靠，突发事件应急处置迅速有力，客户用电安全风险实现可控、能控、在控。

2. 便捷高效

办电流程和环节持续优化，接电时长和成本持续压减，"电等发展"的承诺全面兑现，电力营商环境达到世界一流水平。服务渠道布局合理、运营高效，全业务办理实现线上化、网格化、多元化，内外部服务渠道数据信息有效归集，服务流程、服务标准实现统一，渠道服务体验持续优化。供电服务前端有效加强，政企合作体系和政电服务网络高效融合，客户差异化服务诉求精准响应，客户用电获得感得到全面提升。

3. 数字智能

汇聚多专业数据的统一资源池全面构建，多系统数据、全渠道诉求实时感知，共享互动能力大幅提升。营销数字底座全面统一，实现全链条业务在线贯通、跨系统高效流转、实时交互更新。服务监控、智能预警、规范管理等方面全面实现业务数字化转型。"大云物移智链"等先进数字信息技术广泛应用，大数据在供电服务、行业分析和电力系统创新管理方面的作用得到充分发挥，资源全局调配能力、共性服务支撑能力显著提升。

4. 绿色经济

电能供给清洁多元，核、水、风、光、储等多种清洁能源协同互补发展，新能源并网消纳得到充分保障。能效服务全业务更加融通，电能替代深入重点行业工艺环节，融入关键领域用能转型，充换电设施布局科学精准，电能占终端能源消费比重稳步提升。市场经营经济灵活，适应高比例新能源的电力市场与碳市场、能源市场高度耦合，绿电、绿证交易规模持续扩大，绿色电力环境价值充分体现。

（三）卓越供电服务的目标与任务

全面贯彻习近平新时代中国特色社会主义思想，紧紧把握高质量发展这一主题，大力践行人民电业为人民的企业宗旨，认真落实公司"一体四翼"发展布局和创建世界一流企业的决策部署，以提升业务运作效率效益、提升客户获得感满意度为根本，以打造"产品卓越、便捷高效、数字智能、绿色经济"的卓越供电服务品质为目标，以解决各方最关心最直接最现实的利益问题为切口，以优化升级业务体系、组织体系、技术体系、保障体系为抓手，高标站位，协同发力，加快构建卓越供电服务体系，更好满足人民日益增长的美好生活用电需要，更好地服务和融入新发展格局，充分彰显大国重器的责任担当，为公司加快建设具有中国特色国际领先的能源互联网企业注入强大动力。

第二章　服务要求

借鉴浙江社区网格化服务管理的治理经验，遵循社区服务、优质服务、卓越服务的相关要求，积极响应《"十四五"城乡社区服务体系建设规划》相关任务，不断加强社区服务人才建设，建立一支以社区党组织和社区自治组织成员为骨干，以社区专职工作人员为重点，以政府派驻人员、其他社区服务从业人员和社区志愿者为补充的社区服务人才队伍，既是社区服务体系建设的重要内容，也是确保《"十四五"城乡社区服务体系建设规划》各项目标任务如期落实的坚强保障。因此，电力社区经理成为嵌入政府网格化管理、支撑城乡社区服务、优化客户服务体验、提升卓越服务品质的重要抓手，本章重点讲解电力社区经理的职能与要求。

一、党建引领，强根铸魂

1. 党建引领

党的二十大指出，要坚持和加强党的全面领导。坚决维护党中央权威和集中统一领导，把党的领导落实到党和国家事业各领域各方面各环节。社区服务关系民生，连着民心，是落实以人民为中心发展思想、践行党的群众路线、推进基层治理现代化建设的必然要求。抓好社区治理是推进国家治理体系和治理能力现代化的题中之义，要坚持以党建为引领，以改革为核心，以服务为保障，着力构建区域统筹、上下联动、共建共享的基层治理新格局。

社区工作要以党建引领全局工作高质量发展为前提，公司营销部深入学习贯彻习近平文化思想，全力以赴促进党建与营销服务深入融合，着力加强营销战线基层党组织建设，持续拓展"党建＋优质服务"工程，以全国首个电力社区经理时代楷模钱海军为引领，锻造基层组织堡垒，让党旗高高飘扬在为民服务第一线。

2. 品牌引领

2022年年底，国资委下发《关于开展中央企业品牌引领行动的通知》，要求中央企业积极提升品牌管理水平，不断形成品牌竞争新优势，加快建设世界一流企业。党的二十大指出，要深入群众、深入基层，采取更多惠民生、暖民心举措，着力解决好人民群众急难愁盼问题，健全基本公共服务体系，提高公共服务水平。

钱海军在多年社区服务中，发起实施"千户万灯"品牌项目，推动"政府支持、多方参与、联合推进"，从便民服务转向为民服务和安民服务，并在全国六省（区）推广，荣获各级奖项，相继在"奋进新时代主题成就展""中国慈展会""全国品牌博览会""杭州第19届亚运火炬传递"等重大活动中展示。2023年3月品牌实践经验提交全国人大代表会议，在助力地方政府基层治理和高质量发展中累积广泛影响力。"钱海军式电力社区经理"培育要实施品牌引领，利用钱海军国家电网公司品牌形象大使身份，深挖"千户万灯"服务品牌内涵，聚焦于能源转型、乡村振兴、绿色低碳等公共话题，聚焦于困难群众"急难愁盼"等城市、农村、工业三类社区治理问题，发扬"走遍千山万水、想尽千方百计、服务千家万企、温暖千户万灯"的服务精神，使之成为广大一线基层队伍持续扎根基层为民服务的精神动力，争取未来2～3年形成可复制推广的"浙电模式"，展现国网"央企为民"的责任担当，成为中央企业打造新时代公共服务品牌代表，展现世界一流企业卓越供电服务品牌形象。

二、卓越服务，以客为先

1.服务原则

以人民为中心，以福祉为根本，以卓越为目标。

以时代楷模钱海军同志的精神品质作为开展社区服务的价值追求，学习钱海军师傅从一名普通的电力工人成长为有口皆碑的"万能电工"的精神内核。

以人民为中心，始终秉持"人民电业为人民"的企业宗旨，胸怀"国之大者"，心念"百姓小事"，用不忘初心的"心灯"温暖万千群众的心窝。

以福祉为根本，牢记"你用电，我用心"，主动投身到服务乡村振兴与共同富裕的一线，专业专注，提升业务技能，为老百姓解决急难愁盼的用电问题，为企业解困，为政府解忧。

以卓越为目标，坚持"为美好生活充电　为美丽中国赋能"的公司使命，树立社区服务创新思维，主动探索社区服务新模式、新方法、新服务，推动城乡供电服务，在平凡的工作中做出价值，做出表率，做出本色。

2.服务理念

客户至上，主动服务，共治共建。

社区工作连着千家万户，是电力服务基层的最后一公里。全面贯彻落实卓越供电服务体系，提出社区电力服务应遵循的基本要求：

客户至上，转变传统"围绕电力设备"为"重视客户体验"的服务理念，加强客户侧用电需求分析，提供差异化的精准服务，强化客户黏性，不断为客户创造社会经济价值与情感价值，赢得客户口碑。

主动服务，转变"要我服务"为"我要服务"的服务行为，主动开展社区信息告知、联络走访、搜信建档、业务代办、志愿服务，利用数字化服务手段，超前预判电力需求与问题，让服务靠前一步。

共治共建，转变"单一涉电业务"为"以电为主的综合服务"的模式，以社网共建、村网共建等方式主动融入社区治理工作,组织并参与志愿公益服务,丰富电力增值服务,助力打造共建、共治、共享的社区治理格局。

3. 服务口号

多行一步,多跑一次,多问一句,多帮一点。

多行一步,社区经理主动参与社区服务,联络社区居委(管委会),通过微信、社区活动、宣传告示等渠道和方式,主动告知社区居委(居民)服务信息、供电政策、用电事项。

多跑一次,社区经理强化社区服务联络、走访和信息搜集作用,通过云上走访、社区走访等手段全面搜集客户服务诉求和信息。

多问一句,社区经理组织开展社区档案搭建工作,围绕"一社一档、一类一案、一企一策"总体思路,全面排查社区用电服务信息和诉求,全面优化社区服务专业化水平。

多帮一点,社区经理全面履行社会兜底服务职能,与政府网格员、社区居委做好共建联动,拓展社区供电服务资源,为特殊客户提供入户服务、矛盾调解、用能分析、志愿服务等增值服务,提升社区居民幸福感。

三、明岗定责,统一认知

1. 社区经理岗位说明

电力社区经理是指供电企业为城市社区、农村社区、工业社区提供信息告知、客户联络、关系维护、志愿服务等业务的在岗职工。电力社区经理是社区供电服务的联络员、宣传员、调查员和代办员,强化"政府主导、企业主动、社区主责"三方联动作用,最大限度地整合基层服务资源,最大限度地延伸社会服务管理触角,推动供电服务管理方式转"被动受理"为"主动上报"、转"事后处理"到"源头治理",全面提升客户电力获得感、幸福感、安全感。

客户关系"联络员"：社区经理不断强化为民、便民、安民职能，通过社区走访、社区共建、云上服务等方式，双向传递政策、诉求、服务等信息，打通社区服务最后一公里。

电力政策"宣传员"：社区经理不断优化信息告知、主动公开职能，通过政策告知、传统业务告知、新兴业务告知、志愿服务告知，全面普及客户关注的电力政策、文件和知识。

社区用电"调查员"：社区经理向社区居委（管委会）、社区企业和社区居民收集意见和诉求，建立档案，形成画像，为社区提供个性、精准、高品质的供电服务。

供电服务"代办员"：社区经理为特定社区客户、特殊群体（老弱客户、贫困家庭等）提供差异化代办服务，解决在加快推进卓越供电服务体系建设过程中，部分特定群体因业务周期时限、没有条件上网、使用智能手机不适应等问题无法办电的问题，使各类客户都能享受到便捷、高效的供电服务。

2. 社区经理岗位职责

① 主动宣传国家及上级部门有关社区治理、"双碳"行动、传统供电业务、新兴业务、市场拓展、客户关系管理等方面的政策、法规、标准和制度。

② 负责所辖社区网格内电费缴纳、表计服务、用能分析、业务代办等供电业务的需求收集，业务办理进度跟进，客户满意度调查。

③ 负责所辖社区网格内对接联系的城市社区、农村社区、工业社区联络走访，建设社区服务档案，开展客户主动联络、信息搜集上报、政策及时告知、客户需求挖掘、诉求首接响应、用能情况预警等工作。

④ 积极联络社区，访民需，听民意，问民情，与社区共同做好社区用能管理、社区民生服务等工作。

⑤ 负责所辖社区网格内的电力增值服务，主动上门开展用电安全服务、用电业务代办、用电纠纷调解等工作，满足客户差异化、个性化服务诉求，提升社区生活幸福感。

⑥ 结合社区实际情况，积极开展所辖社区网格内的爱心助困、志愿帮扶服务。

⑦ 负责所辖社区网格内的客户关系维护，开展主动应对客户诉求、上门了解情况、主动按需协调资源、协助解决问题的全流程服务。

⑧ 负责协调专业部门、政府机构、社区居委关系，跟踪与监督所辖社区网格内供电服务进程，有效利用公司内外部资源，确保社区供电服务质量，维持社区客户黏性。

⑨ 参与电力客户服务方向的项目研究开发和技术革新。

⑩ 完成上级部门与班长交办的其他工作。

3. 社区经理岗位任职资格（见表2.1）

表 2.1 社区经理岗位任职资格

服务场景	关键任务	级别	职责内容
信息告知	政策、业务、服务等相关信息告知	Ⅰ	了解行业状况及政策、业务、服务等相关信息，在政府网格员要求下或按工作安排发起信息告知活动，将信息进行及时准确告知
		Ⅱ	洞察行业状况，正确理解政策、业务、服务等相关信息，在政府网格员要求下或按工作安排组织信息告知活动，将信息进行及时准确告知并回应客户疑问
		Ⅲ	主动收集最新政策、业务、服务等相关信息并理解掌握，主动探查客户需求，在政府网格员要求下或根据服务社区特征主动发起并策划信息告知活动，号召客户积极响应相关宣传政策，将信息有效传达，并取得客户的理解与支持
		Ⅳ	评估日常告知活动的开展情况，发现告知过程中存在的优化空间，做好风险管控及流程优化

续表

服务场景	关键任务	级别	职责内容
联络到户	编排走访计划，组织线上线下走访，记录走访情况	Ⅰ	了解责任社区走访人员、走访区域及相关部门、走访对象名单、社区居民家庭基本信息等，通过云端、现场、入户等多种走访方式，按照"全年走访计划表"，使用"走访调查表"开展客户走访，准确、客观、及时记录走访信息，并上报及整理归档
		Ⅱ	编制"全年走访计划表"，根据计划通过云端、现场、入户等多种方式开展客户走访调查，挖掘客户需求，推广电力政策、新业务、新产品，与客户形成良好的信息互动机制，做好走访记录并编写走访报告，及时归档
		Ⅲ	通过云端、现场、入户等多种走访方式，创新联络走访服务渠道，提升客户服务黏性。与社区居委形成共建关系和机制，通过协调内外部相关方解决各类社区客户诉求，汇总外部联动部门信息形成报告
		Ⅳ	重要客户、敏感客户的走访联络
搜信建档	分级分类建立客户档案，完善客户画像	Ⅰ	能够有效识别客户，利用营销2.0、云服务平台、i国网、企业微信等系统，采用线上线下等多渠道有效收集客户基本信息，完善客户画像，建立客户档案
		Ⅱ	明确客户类型，以社区为单位，以客户为导向，以市场为驱动，分别建立"一社一档、一类一案、一企一策"的客户档案，为社区供电服务提供决策支持和信息服务
		Ⅲ	熟知责任社区内的"一社一档、一类一案、一企一策"的客户档案，并进行档案管理，针对客户特征及时、准确、高效地回复客户咨询，为客户用电问题提出解决方案
		Ⅳ	重要客户、敏感客户的搜信建档
业务办理	账单解读	Ⅰ	参加账单解读活动，为客户进行账单集中解读。电费账单发出日主动核实社区内电费发票寄送情况并做好登记服务
		Ⅱ	能够对客户进行一对一账单解读服务，现场答复账单咨询，提供合理化建议。跟进了解发票寄送进度，对未及时寄送发票的用户做好沟通及协调工作
		Ⅲ	策划组织账单解读活动，答复账单咨询，为客户提供差异化的用能建议和综合能源解决方案。主动上门开展账单解读服务，科普家庭用电安全知识，提供节电建议。进行电费违约处理、催收、拖欠处理

续表

服务场景	关键任务	级别	职责内容
业务办理	业务代办	Ⅰ	协助客户准备业务办理申请材料，在服务对象自行办理有困难的情况下，为允许代办的供电服务类事项提供代办服务，及时向服务对象反馈业务受理进展情况，在承诺时限内完成事项办理
		Ⅱ	针对允许代办的供电服务类事项提供代办服务，及时向服务对象反馈业务受理进展情况，在承诺时限内完成事项办理，简单业务直接办理，复杂业务高效受理
		Ⅲ	精通代办服务，简单业务一次办结，复杂业务全程跟踪，联动专业部门跟踪、闭环
	安全服务	Ⅰ	定期组织开展电力政策宣讲、电力安全知识科普等活动
		Ⅱ	定期为社区提供安全用电检查服务，发现隐患能够及时上报、跟踪处理
		Ⅲ	不断总结与社区居委会的联建经验、安全工作相关经验，对后续工作起到促进作用
	资源交互	Ⅰ	向企业用户宣贯低碳利好政策，初步分析互动资源可利用情况，初步计算可产生效益，开展互动资源及能源建设的需求统计
		Ⅱ	根据社区内各类互动资源情况按种类、特性、可调频次及可调能力等进行分类，对新型电力系统等数字化平台内的录入情况进行核实校验，并定期滚动更新。在互动需求前及时跟进客户宣贯政策及落实工作方案，在互动需求后落实跟进客户参与互动的补贴
		Ⅲ	将整理的低碳建设潜在项目反馈给后台团队，并协调相关部门落实项目开展。对已建低碳项目产生效益进行评估，并将评估结果反馈给用户及相关方
		Ⅳ	跟进社区重点低碳建设项目，协调相关部门资源倾斜，保障项目落地
	社区共建	Ⅰ	熟知社区居委会人员，掌握社区治理基本流程与规范，组建共治微信群，建立伙伴关系
		Ⅱ	搭建社区居委会（物业）联建联动的机制，能够处理简单的社区涉电矛盾，保障用电安全，维护供用电秩序，具备双向互助的功能，形成"电力帮社区，社区带电力"的良好氛围

33

续表

服务场景	关键任务	级别	职责内容
业务办理	社区共建	III	能够在社区发生自然灾害、疫情、突发事件时，启动应急预案，组织社区经理有序开展社区用电保障工作，配合社区开展自救工作，共同维护社区生活生产稳定。协同社区居委会（物业）定期联络社区组织召开社区共建交流会，访民需，听民意，问民情
		IV	编制社区用电保障应急预案，统筹组织社区用电保障工作开展
延伸到家	涉电服务支持、涉电治理协助、涉电矛盾调解	I	开展安全用电宣传活动，协助客户解决表后服务问题，开展便民服务集中办理批量业务，做好涉电服务支持工作
		II	进行安全用电检查，排查安全用电隐患，提供安全整改建议，跟进整改情况，确保隐患消缺到位，协助进行涉电治理
		III	协同政府网格员开展一般的涉电矛盾调解
		IV	与社区物业/居委、政府网格员、公共事业单位等协商，推动解决涉电矛盾，获得客户满意
	志愿服务协助	I	发现需要服务的志愿对象，收集或记录志愿对象基本信息、家庭情况、志愿服务诉求等，通过现场走访、线上问询等方式，核实志愿对象信息的真实性与诉求的准确性
		II	了解所在单位及社会组织有关助老、助学、助残、助困、助企等志愿服务品牌及志愿服务内容，为服务对象或社区介绍相关情况，提出志愿服务方式方法，征求相关方对于开展志愿服务的意向与意见，做好相关情况的记录与反馈
		III	为志愿服务对象寻求系统内外的志愿服务队伍，将相关信息反馈至志愿服务负责团队，协助双方建立联系，确保有专人负责后续工作对接与开展。跟踪志愿服务开展情况，了解志愿服务效果，收集反馈意见

续表

服务场景	关键任务	级别	职责内容
社区信赖	客户关怀与关系维护	Ⅰ	建立客户互动关系，定期上门走访，了解诉求，解决客户投诉。发送慰问关怀短信，为客户送上节日祝福。在极端高温、超强台风、暴雪等极端天气下，为重点关注客户发送安全用电提醒、防触电提醒、停复电时间等温馨提醒。向重点关注客户发放邀请函，邀请客户参加大客户座谈会、节能周、兴农周、计量日、惠农帮等内部组织的特色活动，记录准备参加活动的客户联系方式，传递至相关活动负责人处
社区信赖	客户关怀与关系维护	Ⅱ	建立客户信任基础，客户遇到问题会主动寻求帮助，避免大部分客诉产生。从电力产品、流程管理、触点服务等方面出发，优化客户的信赖体验、便利体验、尊重体验、自主体验等体验维度，注重电力政策落实情况、客户体验满意评价等评定效果，为客户提供透明交易、流程简化、公平公正、高度互动、关注个性的体验
社区信赖	客户关怀与关系维护	Ⅲ	预防各服务触点可能产生的舆情风险、投诉风险，第一时间将问题反馈至相关部门，并与客户妥善沟通，直到风险化解、问题解决。与客户关系紧密，客户忠诚度与满意度高，无投诉产生

第三章 日常运营

一、初识社区

初识社区业务办理流程如图3.1所示。

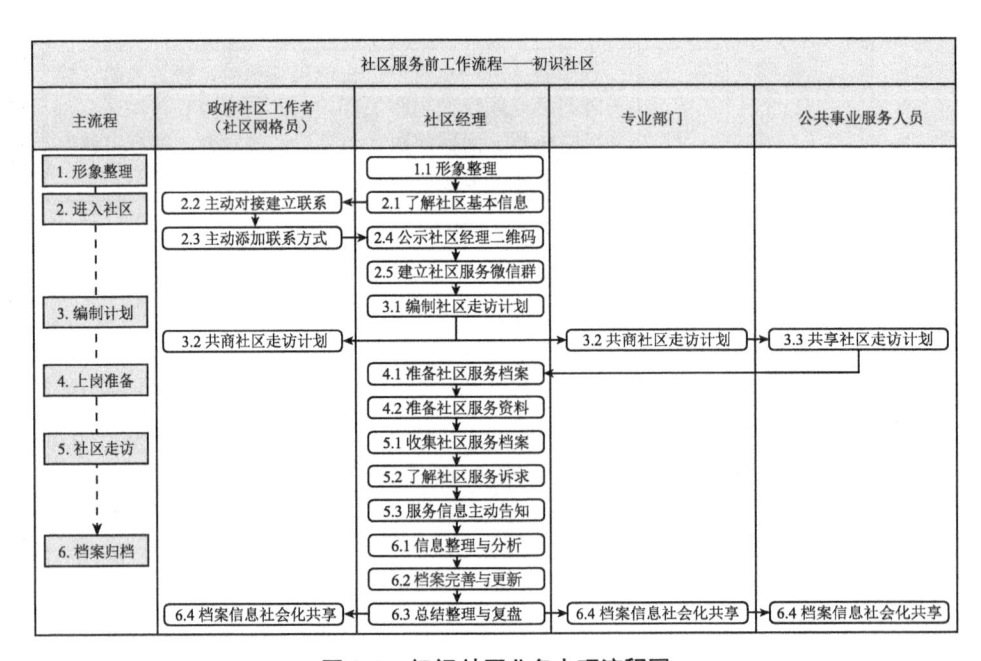

主流程	政府社区工作者（社区网格员）	社区经理	专业部门	公共事业服务人员
社区服务前工作流程——初识社区					
1. 形象整理		1.1 形象整理		
2. 进入社区	2.2 主动对接建立联系	2.1 了解社区基本信息		
	2.3 主动添加联系方式	2.4 公示社区经理二维码		
		2.5 建立社区服务微信群		
3. 编制计划		3.1 编制社区走访计划		
	3.2 共商社区走访计划	3.2 共商社区走访计划	3.2 共商社区走访计划	3.3 共享社区走访计划
4. 上岗准备		4.1 准备社区服务档案		
		4.2 准备社区服务资料		
5. 社区走访		5.1 收集社区服务档案		
		5.2 了解社区服务诉求		
		5.3 服务信息主动告知		
6. 档案归档		6.1 信息整理与分析		
		6.2 档案完善与更新		
	6.4 档案信息社会化共享	6.3 总结整理与复盘	6.4 档案信息社会化共享	6.4 档案信息社会化共享

图3.1 初识社区业务办理流程图

（一）形象整理

社区经理在进入社区前应做好形象整理，按照服务礼仪要求规范个人着装及仪容仪表。

1. 男士着装及仪容仪表要求

（1）男士着装要求

① 套装：着统一工装，工装无破损，无明显褶皱，穿戴整齐。

② 衬衫：着长袖（短袖）衬衫，衬衫下摆束入裤腰内，袖口应扣好。

③ 领带：领带长度以到皮带扣上下缘之间为宜。

④ 领带夹：夹在衬衫的第四粒和第五粒扣子之间。

⑤ 工号牌：端正地佩戴在左胸正上方。

⑥ 鞋子：着黑色系带皮鞋，光亮无尘。

⑦ 袜子：着深色薄棉袜。

⑧ 饰物：原则上不许佩戴饰物。

（2）男士仪容仪表要求

① 短发：要求前不覆额，侧不掩耳，后不触领；头发干净整齐，忌头发蓬乱，发型、发色怪异。

② 面容：忌留胡须，面部保持清洁，眼角无分泌物，保持鼻孔清洁。

③ 口腔：口腔清洁，无异味，牙齿无食物残渣。

④ 耳部：耳廓、耳根后及耳孔应保持清洁，无残留皮屑或污垢。

⑤ 手部：保持手部清洁，勤洗手，勤剪指甲。

⑥ 体味：勤换衣物，保持身体无异味。

2. 女士着装及仪容仪表要求

（1）女士着装要求

① 套装：着统一工装，工装无破损，无明显褶皱，穿戴整齐。

② 衬衫：着长袖（短袖）衬衫，衬衫下摆束入裤腰内，袖口应扣好。

③ 工号牌：端正地佩戴在左胸正上方。

④ 鞋子：着黑色系带皮鞋，光亮无尘；不得着露趾鞋或休闲鞋。

⑤ 丝袜：夏季着裙装时，不穿挑丝、有洞或补过的丝袜，丝袜颜色与肤

色相近为宜；忌光脚穿鞋。

⑥饰物：原则上不许佩戴饰物。

（2）女士仪容仪表要求

①发式：勤洗头发，无头屑；长发束起并盘于脑后，与耳齐平，刘海不得掩盖额头，短发应合拢在耳后；不得披发上岗。

②面部：保持清洁，眼角无分泌物，保持鼻孔清洁；工作时化淡妆，妆容淡雅，清新自然为宜。

③口腔：口腔清洁，无异味，牙齿无食物残渣。

④耳部：耳廓、耳根后及耳孔应保持清洁，无残留皮屑或耳部污垢。

⑤手部：保持手部清洁，勤洗手，勤剪指甲，不染彩色手指甲。

3. 外出走访要求

外出走访前，检查随身携带的物品，确保安全帽、档案册、工具包、手机等装备完整，其中，工具包中应装有走访记录本、档案记录表、政策告知书、身份公示卡、便携式电力检测设备等，具体根据走访计划准备相应的物料。

（二）进入社区

1. 了解社区基本信息

在进入社区前，通过查询数据资料，了解社区近期发生过的用电诉求、投诉事件、涉电建设工程等。

在首次进入社区时，社区经理应快速了解所辖社区的基本情况，包括社区位置、社区规模、社区公共电力设施等社区基本信息，并通过走访观察进一步了解社区的居住人群、商业发展、交通情况、周边环境等社区配套环境，通过现场查勘或走访问询，知晓社区网格的办公地点、负责人及联络方式，社区经理应主动与社区网格员建立联系。

2. 主动对接，建立联系

（1）首次沟通事项内容

社区经理首次与社区网格员进行沟通，可以了解所对接社区网格员的具体职责和工作任务；探讨共治共建机会，例如共同组织电力科普社区活动，交流诉求快速响应通道；明确社区网格员期望的沟通频率及沟通方式。

（2）沟通注意事项

社区经理应当深入了解并掌握社区联系沟通的注意事项，进入社区网格员办公场所时，要轻声叩门、礼貌问好，如果网格员正在忙碌，则在一旁等待。在与网格员交谈时，首先要进行自我介绍，亮明国家电网社区经理身份，告知此行目的："您好，我是国家电网公司的电力社区经理×××，本次拜访的目的是与社区网格建立联系，更快响应社区涉电诉求，让电力服务进社区。"

3. 主动添加联系方式

社区经理在明确与社区网格员的沟通方式后，应主动添加网格员联系方式，第一时间备注网格员信息，并发送社区经理个人身份、职责等信息。

4. 公示社区经理二维码

通过社区公共场地、小区楼道、社区网格员宣传等多种渠道，在社区粘贴电力社区经理公示牌，公示牌包含证件照、姓名、工号、电话、企业微信二维码等信息（见图3.2）。

社区经理公示牌		
（照片）	姓名	
	工号	
	电话	
（二维码）	欢迎扫码添加电力社区经理企业微信，您有任何涉电问题，欢迎线上咨询，我们将竭诚为您服务！	

图3.2 社区经理公示牌示意

5. 建立社区服务微信群（见图 3.3）

利用系统内服务平台创建线上服务群组，或直接加入社区公共服务群，与社区网格员沟通社区涉电大小事项，建立线上沟通渠道，及时响应社区居民用电诉求，解答社区居民疑惑。

登录进入某服务平台后：

1. 点击左侧导航栏（社群管理 / 社群列表），进入社群列表界面。
2. 根据新建社区类别点击“微信社群”或“企业社群”。
3. 在社群分组中，找到对应的组群，点击进入并新建社群

图 3.3　某服务平台操作界面及步骤

（三）编制计划（见表 3.1）

表 3.1　社区经理走访客户计划表

<table>
<tr><td colspan="10">客户走访计划</td></tr>
<tr><td colspan="2">走访周期</td><td colspan="4">（ ）年（ ）季（ ）月（ ）周</td><td>走访人</td><td>添加走访人二维码</td><td>走访人姓名</td><td></td></tr>
<tr><td>走访状态</td><td>客户满意指数</td><td></td><td>客户投诉事件</td><td colspan="2"></td><td colspan="3">走访客户总数</td><td></td></tr>
<tr><td>序号</td><td>客户编号</td><td>客户类型</td><td>走访主题</td><td>客户信息</td><td>联系电话</td><td>联系地址</td><td>走访日期</td><td>走访形式</td><td>走访事项</td></tr>
<tr><td>1</td><td></td><td>居委</td><td>业务受理</td><td></td><td></td><td></td><td></td><td>上门</td><td></td></tr>
<tr><td>2</td><td></td><td>客户</td><td>重点客户 / 项目 / 工作</td><td></td><td></td><td></td><td></td><td>会议</td><td></td></tr>
</table>

续表

3		物业	客户投诉与意见处理				致电	
4		伙伴	服务宣传				微信	
5			政策告知				问卷	

1. 编制社区走访计划

社区经理按照"周/月/季/年"组织走访计划编排，通过明确走访对象，明确走访主题，明确走访任务，明确走访形式，做好联络走访计划编制工作。

（1）明确走访周期

社区经理可按照"年/季/月/周"走访周期来编制走访计划，并注意各走访周期的关键走访事项，在走访过程中进行重点关注。

1）年度走访计划关键事项

按年明确社区工作任务，重点涵盖以下关键事项：

① 社区二十四节气重点工作事项；

② 社区政府专业部门年度工作任务；

③ 供电企业年度工作任务；

④ 按年度走访的社区客户等事项。

2）季度走访计划关键事项

基于年度走访计划目标，按照季度社区服务重点，结合社区服务实际情况，年度走访计划可重点涵盖以下内容：

① 社区政府部门季度重点任务；

② 供电企业季度工作任务；

③ 按季度走访的社区客户等事项。

3）月度走访计划关键事项

结合年度、季度走访工作计划，按照月度社区服务重点，基于社区服务实际情况，月度走访计划可重点涵盖以下内容：

① 社区政府部门月度重点任务；

② 社区客户月度重点高频诉求；

③ 供电企业月度重点工作任务；

④ 按月度走访的社区客户等事项。

4）周走访计划关键事项

基于周走访工作计划，按照每周社区服务重点，结合社区服务实际情况，周走访计划可重点涵盖以下事项：

① 社区政府部门月度重点任务；

② 社区客户月度重点高频诉求；

③ 供电企业月度重点工作任务；

④ 按月度走访的社区客户等事项。

（2）明确走访对象

走访对象可包含社区居委、社区客户、社区物业、社区伙伴等，表3.2展示针对不同走访对象的具体走访事项，为社区经理走访提供参考。

表3.2 针对不同走访对象的具体走访事项

走访对象	具体走访事项
社区居委	居委重点了解社区基本情况、客户特征、服务诉求、特殊客户群体、社区共建服务问题等
社区客户	客户重点了解用电/用能服务诉求、电力政策、用电知识等
社区物业	物业重点了解社区高频用电/用能服务诉求、需供电企业支持服务事项
社区伙伴	伙伴主要指相关公共事业单位、社区社会公益组织等，重点了解社区共建诉求等服务事项

（3）明确走访主题

依据业务类型、重要程度、客户意见、政策要求、服务重点等选定相关走访主题，社区经理可根据以下主题事项开展走访工作。

表 3.3　不同走访主题的主题事项参考

序号	走访主题	主题事项
1	业务受理	
1.1	营业业务	营业业务主要包括过户、暂拆及复装、销户、移表、供用电合同管理等业务政策、业务受理、业务知识
1.2	计量管理	计量管理主要包括计量装置的新装、故障处理、轮换、用电信息采集运维、计量箱及封印运维
1.3	电费电价	电费电价包括电费和电价两部分业务，在业务办理过程中基于客户诉求，融入提升用电安全、提升客户体验、提高电费透明度的措施 欠费提醒、政策告知
1.4	业扩报装	积极宣传公司优化电网投资界面及配套工程建设等政策；推广节能、综合能源等延伸服务措施；科学制订客户供电方案；指导客户降低上电成本；服务重点项目早开工、早用电
1.5	抢修服务	融入提升用电安全、提高电费透明度、提升客户体验的措施
2	重点工作、重点项目、重点客户	
2.1	重点工作	沟通介绍供电企业优化营商、负荷管理、综合能源服务等举措、做法和案例
2.2	重点项目	简化办电流程，提高服务效率，通过推广"一次办结"和电子化办理等措施，提升用户体验。推广峰谷电价政策和负荷调整方案，帮助用户合理用电，降低电费成本。推广分布式能源、储能技术和节能服务，提升社区能源利用效率，减少碳排放
2.3	重点客户	重点走访大客户集聚社区、老旧社区、在建涉电工程社区、志愿服务对象等
3	客户投诉与意见处理	对通过 12398、12345、95598 等渠道多次反映问题的客户，或多名客户集中反映同一问题，面对面沟通解决客户诉求，有针对性地宣传解读电网企业相关政策

续表

序号	走访主题	主题事项
4	政策告知	重点涵盖：电价政策（市场化售电政策、工商业分时电价政策）、科学用电政策、绿色用电政策、用电交费政策、综合能源政策等电力政策。譬如： 针对社区"一户一表"客户：① 积极宣传线上渠道服务；② 用电政策和便民服务等举措；③ 积极融入社区、小区等微信群；④ 每月通过微信群线上开展1次用电安全、供电服务宣传 针对非直供小区客户：① 转供电加价清理和老旧小区改造等相关政策；② 及时收集物业公司、业主管委会等用电服务诉求；③ 需政府部门解决的问题及时向政府部门汇报，防范供电服务舆情风险
5	服务宣传	供电企业社区特色服务，涵盖"一老一小"、零碳社区、弱势群体服务等社区特色服务做法宣传

（4）明确走访形式

社区经理可以根据走访沟通内容的简繁程度，选定社区走访形式，根据以下重点走访形式的走访说明开展走访工作。

表3.4 不同走访形式的说明

走访形式	形式说明
电力动态简报	社区经理动态简报重点发布社区供电服务动态、电力服务政策、社区服务特色做法、社区服务特色案例
电子问卷调查	社区经理通过电力问卷调查主要针对工业园区客户、社区居委、弱势群体客户、农村客户进行服务基础情况、服务诉求想法、服务满意程度调查
现场展销活动	组织社区现场服务展销活动，推荐社区供电服务产品，涵盖社区户用光伏、绿色出行、智慧用电、电费优惠、零碳社区、智慧用能、一户多表电力政策
社区微信交流	社区经理通过微信群方式组织社区服务信息交流、工单受理、政策传递、答疑解惑
客户沙龙活动	社区经理定期进社区组织客户沙龙活动
专家小组会议	社区经理组织供电服务专家小组针对疑难工单、业扩问题、综合能源服务问题等组建专家小组，通过专题会议形式，共商社区服务事项

（5）编制社区走访计划注意事项

① 要善于拆分任务，将年度目标分解为具体的任务或项目，并明确每一项任务的完成期限。

② 鉴于社区状况可能随时发展和变化，计划需要有一定灵活性，确保在各种情况下能够灵活应对。

③ 计划制订后，要定期审查计划完成情况，确保计划的执行符合预期，以及及时发现和解决问题。

2. 共商社区走访计划

初步的走访计划制订后，社区经理应当主动联络社区网格员，针对走访计划商议事项、征询意见。根据走访计划中的服务事项，协商走访具体安排，有必要则制订具体实施方案。

（1）共商方式与要点

1）工作例会

通过召开工作例会的方式，与社区网格员集中解决社区服务问题，总结共性问题，制订解决策略，提出优化建议和意见，明确下阶段工作的重要途径，专业支撑部门、公共事业单位根据工作实际合理进行安排。

电力社区经理召集并主持会议，主要研究客户问题的处理方法以及处理结果反馈，并协商走访方式、走访时间和走访主题。对于不能处理的问题，及时向上级单位进行反映，保证在规定时限内解决客户问题。

2）专项问题协调会

专项问题协调会是针对特殊问题召开的不定期专项会议，对走访过程中发现的需社区网格员处理的问题进行共商共议，制订答复方案，调度处理进展，建立走访问题项目储备库，通过销号督办促使管理的持续改进和完善。

专项问题协调会共商要点涉及参会人员、召开时间、会议内容等事项。

关于参会人员，电力社区经理负责召集、通知相关人员与会，并负责主持会议。电力社区经理要重点关注问题反馈人和当事人是否参会，尽量邀请相关方参与现场会议，详细沟通相关问题和需求；社区经理需要提前通知专项问题涉及的专业部门、专业机构参与讨论，增强解决方案和协商事项的专业性；当需要各单位的相关领导出席会议时，社区经理应提前告知具体情况，提前申请相关资源调动并做好准备应对特殊情况。

关于召开时间，社区经理在每月15日了解社区召开专项问题协调会的需求，组织相关专业人员共同商讨，确定专项问题协调会的时间和议题。

关于会议内容，社区经理应提高协商会议效率，当遇到关于特殊问题的协商会议，应提前构思解决方案、答复方式、答复周期、时间要求等内容，并提出针对性的服务策略，提高协商双方的认同度。

（2）社区走访计划注意事项

① 面对疑难问题，应及时处置；对于不能处理的问题，在一日内及时向上级单位反映。

② 面对较难理解及有歧义的内容，社区经理应尽量以会面或电话沟通的沟通形式，提高沟通效率，快速掌握沟通对象的意见和诉求。

③ 社区经理在制订走访计划后，可向社区网格员进行计划分享，在社区网格员确定相关行程后，详细介绍已经初步制订的走访计划，包括走访的目的、时间安排和地点。

④ 主动征询意见和建议。向社区网格员征询关于走访计划的看法，明确计划是否存在需要调整或改进的地方；探讨可能出现的问题，并共同寻找解决方案。

⑤ 提前了解特殊群体关切点，若计划涉及特殊群体入户关怀，询问社区网格员是否了解相关群体的情况和需求；如果需要同行，了解他们是否方便提供支持，或者是否需要额外的培训。

⑥ 确认驻点服务细节，如计划中需要社区经理提供定期驻点服务，可与社区网格员协商具体的服务时间、地点和频率，确保服务顺利实施。

⑦ 保障沟通渠道畅通，引导社区网格员建立直接沟通、定期沟通的习惯，可与社区网格员明确会面时间、即时通信工具等事项。向社区网格员介绍线上服务平台，以及线上诉求处理的工作机制，鼓励他们将其分享给社区居民，并积极运用线上服务工具常态反馈居民用电服务诉求。

⑧ 争取与社区建立合作关系，表明合作事项，分享各自资源，社区经理联动社区网格员共同为社区的"共治、共建、共享"目标而努力。

3. 共享社区走访计划

编制、协商完成社区走访计划时，社区经理可通过云端设备将走访计划生成为走访消息，提前通知被走访社区、被走访对象、协同走访人员，确保走访工作的有效实施和开展。

（四）上岗准备

1. 准备社区服务档案

搜信建档是社区经理服务社区的重要环节，以社区为单位，以客户为导向，以市场为驱动，分别确定"一社一档、一类一案、一企一策"的服务内容和服务事项。

（1）认识社区档案

应按照"一社一档、一类一案、一企一策"的原则建立全面的社区服务档案库。

1）"一社一档"

① "一社一档"的定义

"一社一档"是指社区经理为社区提供按照城市社区、农村社区、工业社区分类建立的社区供电服务档案。以社区为单元，依据社区客户数量、用电量、工单受理情况、用电行为偏好等数据，形成社区基本信息、社区电力信息、社区服务信息等基础档案，沉淀社区用电/用能服务数据，为社区供电服务提供信息支持和决策辅助。

② "一社一档"的重点内容

城市社区服务档案,重点关注社区网格信息,社区形态,居民基本情况,老旧小区设备、充电桩、光伏布点情况,表计校验,低电压等高频工单未闭环情况,公共服务联办情况等。

农村社区服务档案,重点关注社区网格信息、村庄产业发展类型、村庄居民情况等信息;采集村庄电力信息应重点关注农村电网户均配变容量、乡村电气化等信息;采集村庄服务信息应重点关注线路低电压、表箱缺陷等高频工单未闭环情况。

工业社区服务档案,重点关注产业集聚类型、企业规模、社区企业员工数、集中宿舍数量等信息;采集社区电力信息应重点关注市场化需求信息、源网储资源信息、荷侧可调资源等;采集社区服务信息应重点关注故障抢修、电费账务、业扩报装等高频工单未闭环情况及公共服务联办情况等。

③ 其余社区档案要素

除了前述的按照社区类型分为城市社区档案、农村社区档案、工业社区档案外,每类社区档案还包含社区基本信息、社区电力信息、社区服务信息三大基础档案(具体见表3.5)。

表 3.5 其余社区档案要素说明表

社区基本信息	社区基本信息档案主要记录社区的行政信息和基本情况。行政信息包含社区名称、社区地址、社区联络方式等。社区基本情况根据社区类型不同而略有差异,除了社区户数、电力社区户数、社区面积等基础信息,城市、农村社区还包含社区收入情况、社区标签和居民标签等信息,而工业社区包含社区企业员工数、社区标签和企业标签等信息
社区电力信息	城市社区电力信息档案主要包含所辖社区的设备信息和各类电能容量。 农村社区电力信息档案除了电网基本信息外,还包含乡村电气化信息,如全民电宿、全电景区等。 工业社区电力信息档案内容相较前两者更丰富,包含市场化需求信息、源网储资源信息以及荷侧可调资源。 电力信息档案大部分内容可自动生成,个性化部分需要手动填写

续表

社区服务信息	社区服务信息档案主要包括社区服务渠道的建立情况，工单处理跟踪和客户走访联办。其中工单处理跟踪根据业务系统数据自动采集生成，社区经理应做到跟踪闭环、主动告知

2）"一类一案"

①"一类一案"的定义

"一类一案"是指社区差异化供电服务档案。以社区为单元，按照"重要客户""设备隐患""志愿服务"等个性服务诉求，填写个性供电服务档案，联动专业部门协同开展个性服务。

②"一类一案"的重点事项

社区经理需要建立重要客户信息，涉及社区信访人员、人大代表、频繁拨打服务热线人员等。社区经理在社区走访、联络过程中，主动登记重要客户基本信息、身份特征、供电服务关注重点，形成重要客户供电服务档案。针对重要客户建立的服务工单，社区经理需要重点关注，履行走访、跟踪职能，联动专业部门闭环服务诉求。

社区经理需要建立设备隐患档案，主要针对社区设备、工器具、站房设备等设备隐患。社区经理在社区走访、联络过程中，主动发现设备隐患，主动登记设备高危及重要分类、缺陷来源、缺陷等级等具体内容，形成设备隐患供电服务档案。针对设备隐患服务工单，社区经理履行走访、跟踪职能，联动专业部门闭环设备消缺。

社区经理需要建立志愿服务档案，记录志愿服务群体数量，建议开展志愿服务的活动，建议开展的志愿服务时段等信息。社区经理主动联络社区居委（管委会），全面摸排搜集志愿服务活动信息，采用"社区初筛，电力复筛"的方式，选定志愿服务对象，完整记录志愿服务责任人、服务人数、服务类别、服务内容和服务评价情况，形成志愿服务档案。针对志愿服务活动，社区经理履行跟踪、参与职能，联动相关部门参与志愿服务活动。

3)"一企一策"

①"一企一策"的定义

"一企一策"是指社区经理为工业社区企业客户建立的供电服务档案。以市场为驱动,围绕企业规模、产业特点、用能诉求、行为偏好等情况,个性、精准掌握企业供电服务信息。

②"一企一策"档案的重点事项

小微企业档案,主要针对初创型企业,关注企业开办成本、时间、效率等因素。企业用能档案重点关注企业节约成本、企业节能降耗、企业惠企扶持政策等。

成长企业档案,主要针对发展型企业,关注增容、能效、售电等因素。企业用能档案重点关注企业扩产增容、能效提升、市场化交易等。

大中型企业档案,主要针对集团型企业,关注服务品质、服务体验等因素。企业用能档案重点关注电力臻享、绿色低碳、数字工厂等。

③"一企一策"档案的应用建议

提前查询档案资料,在走访客户、服务客户或是更新客户档案信息之前,都需要通过线上服务平台提前查询客户的档案现状及信息。

针对已有档案的走访对象,社区经理除了通过档案提前了解走访对象的基本情况外,还应查看档案的更新记录是否超过档案信息的有效时限,如长时间未更新则需要与客户再次进行更新确认;其次要查看档案信息是否存在缺失或报错的情况,如有则应做好记录,在走访过程中问询,走访结束后进行补充完善。

而针对没有档案的走访对象,则需要提前建立空白档案,以便走访时使用。

(2)搜信建档途径

社区经理可以通过线下走访、云上走访、其他走访三种途径建立档案,根据建档途径的不同,社区经理在开展走访前需要做好相应的准备工作。

1) 线下走访

线下走访是指在社区走访过程中，与社区工作人员、客户在现场交流、问询信息，通过纸质档案记录、线上整理归档的方式完成建档。在入户走访前，需要根据走访对象、走访主题、建档数量等打印足够数量的纸质版档案，在走访时携带。

表 3.6　入户走访三步法

入户走访定义	入户走访是网格工作中的个性化服务，也是打通居民"连心桥"基本的方式。应针对社区内特殊群体、敏感用户组织入户走访。为清楚掌握辖区内特殊群体客户各类信息情况，可用三步法开展入户走访工作，不仅使社区了解到居民最关心的需求和意见，还加深了社区与居民之间的密切联系，为社区工作的开展打下良好的基础
入户准备：信息分类和电话沟通	网格员入户之前，应当事先"备好课"，做到心中有数，才能在走访时有的放矢。网格员应提前确定当天要走访的家庭并做好信息分类工作，理清特殊类别家庭的入户工作思路，选择恰当的入户时机 首先，将辖区内的居民家庭分为精准扶贫难户、重点人员户、党员户、普通户等。对于前两个类别的走访除了基本信息采集以外，还应全面了解该类别家庭人员身体状况、低保及医疗政策落实情况、家庭收入和经济来源情况、造成贫困的根源和急需帮扶的方面等 其次，根据不同的入户对象，选择恰当的入户时机。如果是退休人员或赋闲在家的居民，可以选择白天入户；对于辖区内经常流动、没有登记在册的居民以及上班族最好选择晚上入户；如果在入户时恰好有亲戚或朋友在场，社区经理最好另行选择无其他人在场的时机或环境进行入户登记 如果不能提前确定入户对象是否在家，为减少时间浪费，网格员可提前电话联系约定入户的具体时间。 打电话时的语气、语速以及开口的称呼很大程度上决定了"约见面"的成功率。于是，在电话交流之前，社区经理最好根据对方的基本信息与特点来调整沟通技巧 礼貌用语：根据对方的性别，在电话开头说"您好，×先生/女士，打扰了"表示尊重，通常对方会更有耐心听下去； 明确目的：要尽快切入主题，如果不能简明地表达意愿，便事先打好草稿，减少双方沟通成本； 方言运用：如果是本地人特别是老人，选择用本土方言成功率会更高

续表

入户探访：循序渐进与隐私保护	入户调查过程中和居民对话要循序渐进、先易后难。社区经理可按照先一般性问题后敏感性问题，先简单问题后复杂问题的原则进行询问。如在用电诉求调查中，先问姓名、年龄等，后问服务满意情况、服务诉求等，随着询问的展开，居民的戒备心理和抵触情绪会有所减轻，配合的可能性也会大大增加。 信息采集与隐私保护的矛盾是社区经理在入户登记时最常遭遇的麻烦，一定要居民立即给出相关隐私信息会显得态度过于强硬，影响接下来的信息采集工作，分享若干解决"隐私采集冲突"的小技巧： ① 向居民耐心地反复告知信息采集的重要性及保密性，打消居民的疑虑； ② 向居民告知若本次信息采集未能顺利完成，接下来还是会耽误彼此的时间； ③ 建议居民在合理范围内给出答案
入户结束：及时回访和客户关怀	入户结束后，社区经理会在短时间内接收到大量信息，为了更准确翔实地记录这些信息，应在当天对社区档案进行及时整理，并判断哪些客户需要回访及什么时候回访。 社区经理可以设计一张回访卡，记录辖区客户的"需跟进事项或待解决问题"，并形成"一社一档"的台账记录，主要包含以下内容： ① 走访对象提出的需求（判断是否合理及跟进情况）； ② 走访对象提出的疑问（是否解答）； ③ 居民对社区可行化建议的跟进落实（是否跟进）； ④ 其他建议

2) 云上走访

云上走访是指利用某服务平台和企业微信等线上渠道开展的走访活动，社区经理采用线上登记、系统获取、信息共享等方式完成建档。在开始云上走访前，需要根据走访对象、走访主题在线上服务平台建立合适的空白档案。

3) 其他走访

社区经理可通过关系网络、社会媒体、公共服务单位等途径获取相关信息。

① 社区经理通过服务对象的人际关系，获取目标客户信息。如通过问询社区居民，了解居委的日常工作情况；也可通过问询社区管委，了解企业的

基本信息等。

② 通过网络媒体的途径，社区经理可查询社区、客户近期相关的新闻报道，或关注客户的融媒体账号，获取相关信息等。

③ 通过联办伙伴，社区经理可以加强与其他"水气暖"等公共事业单位的社区伙伴的联系，了解社区或客户的信息。

2. 准备社区服务资料

为了更好地开展社区走访工作，社区经理需要提前准备走访所需的资料，确保走访过程中的各项工作进行有序，服务切实有效。结合走访主题和走访对象，社区经理需要准备走访笔记本、工作名片、业务告知书、宣传幻灯片等。

（1）走访笔记本

走访笔记本是走访过程中的重要工具，可以帮助社区经理记录走访过程中的关键信息、设备情况、居民反馈的意见和建议等。

（2）工作名片

工作名片是社区经理走访社区需要随身携带的物品，除了邀请客户添加企业微信外，针对特殊群体（如老年群体），社区经理应主动递送工作名片，方便客户寻求帮助。工作名片要质量良好，不易折，便于保存，信息完整，字号适中，字迹清晰。

（3）业务告知书

业务告知书是向社区居民宣传业务办理政策、业务办理流程和社区服务内容的有效途径，能够让客户快速了解业务办理的基本流程，提高服务专业度。社区经理应结合走访主题准备对应的业务告知书。

（4）宣讲幻灯片

宣讲幻灯片同样是在走访过程中向客户解读政策、分享知识和告知社区工作内容的有效载体。制作宣讲幻灯片时，要注意图片与文字搭配得当，简洁明了，内容逻辑清晰，便于客户理解。

(五)社区走访

1. 收集社区满意数据

社区经理初次进入社区,可以通过随机拦截询问、入户调查、座谈交流等方式了解社区客户对电力服务的满意程度,对整体满意度产生初步感知,需要社区经理掌握不同的调查方式在实际操作中的技巧。

(1) 随机访问技巧

随机访问是一种在公共场所对随机选择的行人进行采访、调查的方式。社区经理可以在社区活动中心、小区花园、园区休闲区等地方设置访问点,对路过的人进行邀请,邀请他们参与问卷调查或者建议采访。随机访问的优点是覆盖面广,可以接触到不同年龄、不同类型的人群,有助于了解社区整体的满意度。

在实施随机访问时,社区经理应具备良好的沟通技巧,用最短的对话使客户建立信任,以获取有效信息。

选择访问对象后,社区经理应当在第一时间亮明身份,表明目的,真诚邀请。如:"这位先生/女士,您好,我是供电公司的社区经理×××,负责附近辖区的电力服务,这是我的工作证。我们正在做电力客户的满意度调查,在此打扰您是想真诚邀请您参与填写电力服务满意度的调查问卷或简单回答几个问题,请问您是否愿意?"

社区经理在拦截访问时要注意,设置问题要相对简单,能够让受访者快速感知并给出答案,不宜询问过于复杂的问题。如可以问"您是否使用网上国网 APP 办理涉电业务?""您认为之前办理电力相关的业务是否方便?""您对供电公司整体满意度,1~10 分可以打几分?"。

在客户配合完成调查后,我们要及时向受访人表达感谢,为客户留下好的印象,还可以在结束时递送名片,再次介绍电力社区服务,如果提前准备了小礼品也可以临别赠送:"先生/女士,非常感谢您配合我们调查,您的宝贵意见对我们来说很重要,这是赠送给您的小礼品,以示感谢。另外这是我的名片，日后遇到电力相关的任何困难或问题，欢迎您电话咨询。"

(2) 入户调查技巧

入户调查是对居民进行深入访谈的一种方式。社区经理应选定范围，与社区居委报备，逐户或随机进行入户拜访，与居民用户面对面交流。这种方式的优点是可以深入了解居民的真实感受和需求。然而入户调查的覆盖面相对较小，且耗时较长，不适合大规模开展。在实施入户调查时，社区经理要了解社区的基本情况，使居民建立信任，以便更加顺利地完成调查。正式的入户走访分为见面前沟通、现场拜访、核心议题沟通、拜访后期四个阶段。

1）见面前沟通技巧

如果有预约，在拜访前不要在居民房门口徘徊，在约定时刻轻叩房门。（按门铃要求：轻按门铃，若无应答，等待 10 秒再按，一般不宜超过 3 次。敲门要求：轻敲 3 下，若无应答，间隔 3～5 秒后再敲，不宜超过 3 次；力度适中，严禁砸门或踢门。客户询问时应表明身份及来意。）面带微笑，主动向客户亮明身份，并说明拜访目的，等待户主邀请进入后方可进入。示例："您好，我是供电公司的社区经理×××，负责附近辖区的电力服务，这是我的工作证。此次拜访的目的是了解您家的用电情况，以及对我们供电公司的服务是否满意，是否有什么改进意见。请问您是否方便？"

2）现场拜访技巧

在征得户主同意后，先行握手寒暄（如有礼品可送上礼品），寒暄语言要诚恳、热情，适当使用幽默的方式，根据对方的家居摆设、家庭成员、兴趣爱好等以日常话题拉近距离。

3）核心议题沟通技巧

在主题阶段，要紧抓拜访的目的和正式议题。社区经理应当多引导，多听少说，适当提问，了解客户的看法、意见和对社区电力服务的期望。结合客户反馈的情况，一方面要做好记录，另一方面可以给出专业的用能建议或渠道介绍。如客户认为网上国网 APP 操作不便，可以现场演示操作。

4）拜访后期工作技巧

在拜访的后期，当拜访目的达到或基本达到后，可以根据客户的反应和态度来确定告辞的时间和时机，最后邀请客户添加社区经理企业微信并递送名片，感谢客户的积极配合，有礼貌地道别。告别时应起身离开座位，避免久说、久坐不走；感谢对方的接待，握手告别。

（3）座谈交流技巧

座谈交流是一种组织小型讨论会的形式，可以由管委邀请企业客户参与，或由居委邀请居民代表参与。社区经理需要提前协调社区工作人员邀请一定数量的受访者，围绕特定主题进行深入讨论。座谈交流的优点是可以激发参与者之间的互动，有助于发现潜在问题和达成共识。然而，座谈交流在参与者选择方面具有一定的局限性，可能无法全面反映整体满意度。在实施座谈交流时，调查员需要合理安排讨论议程，引导参与者积极发言，以便获取有价值的意见。

总之，在调查客户服务满意度时，随机访问、入户调查、座谈交流三种方式各有优缺点。实施时，社区经理需要根据调查对象的特点和调查目的，灵活运用相应技巧，确保调查结果的准确性和有效性。同时，社区经理应具备良好的沟通能力和专业素养，以便在调查过程中与客户建立良好关系，有助于后续社区服务工作的顺利开展。

2. 了解社区服务诉求

此部分侧重介绍社区经理应对社区居委、管委的社区电力服务诉求，如需要电力社区经理配合开展用电安全主题沙龙、电力基础技能培训、电费账单构成讲解，以及其他个性化的社区电力服务。

电力社区经理应与社区居委、管委会保持密切沟通，共同商讨如何解决居民诉求。例如，辖区内的社区居民对用电安全有较高需求，可联系社区居委、管委会，开展用电安全主题沙龙，增强居民的安全意识。同时，电力社区经理可以教授居民一些基本的电力知识，如电器设备的正确使用方法、紧急情况的处理措施等。

针对部分居民对电费账单构成不了解的问题，电力社区经理可以集中为居民讲解电费账单的构成，帮助居民理解电费的计算方式，从而合理控制用电成本。

为了满足居民个性化需求，电力社区经理还可以根据居民的特定需求，与社区居委、管委会共同设计一系列个性化服务。例如，为行动不便的老人提供上门检修电路的服务，为有特殊需求的居民提供定制化的用电方案等。

3. 诉求接收与反馈

社区经理在初步接收到服务信息后，应第一时间给予服务对象反馈，预告后续工作开展的初步方案、答复时间、开展时间和服务方式等，鉴于反馈渠道的多样性，社区经理应根据需求的缓急情况选择一种或多种方式进行反馈。

（1）社区拜访反馈

当需求响应较不紧急或需要常态化开展工作，如志愿服务响应、安全常规治理等工作，社区经理可以定期或不定期地进行社区拜访，与居民、企业家以及社区居委会面对面交流，传达搜集到的信息与后续工作开展计划。这种方式能够改善信息反馈的服务效果，面对面的交流与答疑能够让客户更深入地理解相关政策信息。社区经理可借助社区拜访时期设立固定的走访时间和地点，让居民知道何时可以寻求社区经理的帮助，如在社区便民服务驿站设置电力服务角，每周三下午固定提供服务；临时拜访则可以在遇到突发情况或需要紧急通知时进行，能够快速、准确、有效地与社区客户进行信息交互与反馈。

（2）上门入户反馈

根据档案中标注的社区特殊情况，针对部分行动不便或老年居民，社区经理可以提供上门入户的服务，为服务对象提供"不出门""家门口"的需求反馈服务。这种方式体现了社区经理关心弱势群体，为他们提供便利，使信息反馈服务更加人性化。在上门入户的过程中，社区经理不仅可以传递相关信息，还可以了解居民的生活状况，为他们提供及时的帮助和支持。

（3）亮牌公示反馈

针对社区中普遍反馈的需求与更新的信息进行统一反馈，社区经理可选定社区公共场所，如小区门口、楼道口等显眼位置，利用亮牌公示的方式，将重要信息进行公告反馈。这种方式可以让居民在日常生活过程中随时关注社区动态，提高信息知晓率与信息告知的覆盖范围。亮牌公示的内容可以包括停限电通知、活动通知、安全提示等。

当装表接电影响到用户正常用电时，应提前三天张贴停电告知单。张贴位置包括小区门口或园区保卫处、小区或园区公示栏、楼道口、电梯间等。

（4）线上渠道反馈

在多数信息告知服务场景中，社区经理需要高效、全面地完成反馈工作，那么线上渠道是必不可少的途径，主要包括短信、电话、线上服务平台、微信等反馈渠道。社区经理根据实际需求选择最合适的线上信息反馈渠道。

（六）档案归档

在社区经理的工作中，建立和完善客户档案以及整理搜集的服务意见是至关重要的环节。这不仅有助于更好地了解社区居民的需求和诉求，还能为未来的工作提供参考和指导。因此，建档与更新工作需要高度的细致性和系统性，应确保信息的准确性和及时性，以推动社区服务的持续优化和改进。

1. 信息整理与分析

在社区经理完成走访和信息收集工作后，需要在第一时间整理已收集到的客户信息，进行客户信息分类与客户服务偏好分析，确保形成完整的档案记录。信息整理工作内容如表 3.7 所示。

表 3.7 信息整理工作内容

工作事项	工作内容
客户资料整理	将走访过程中所收集到的客户资料进行整理,对重点信息进行标注,对遗漏信息进行补充,必要时与客户电话回访确认
客户信息分类	根据客户信息的性质和内容,进行分类整理并做好备注,包括但不限于基本信息、设备信息、用能现状、用能需求、服务诉求等
客户偏好分析	根据收集的客户资料进行客户服务偏好分析,更好地了解客户的需求、喜好和习惯,包括服务时间偏好、服务频率偏好、沟通渠道偏好等。在条件允许的情况下,还可以备注客户的特征标签,进一步完善社区服务画像
档案电子归档	将纸质版或手写记录的客户资料转化成电子格式,对应填写到线上服务客户档案管理平台或生成电子档案,同时将相关资料拍照上传,并做好建档节点或档案更新记录

2. 档案完善与更新

档案完善与更新是社区经理在建立了客户档案之后的重要工作环节,其目的是确保档案资料的实时性、准确性和完整性,以更好地反映客户的最新状态和需求。信息更新工作内容如表 3.8 所示。

表 3.8 信息更新工作内容

工作事项	工作内容
信息更新	定期对客户档案中的信息进行更新,包括基本信息、联系方式、用能情况、服务需求等内容。确保档案中的信息与客户的实际情况保持同步
服务记录更新	对客户的服务记录进行及时更新,包括服务内容、服务时间、服务满意度等信息。记录客户的反馈和建议,以及服务过程中的重要事件
日常更新完善	与客户保持密切的沟通和联系,了解客户的最新需求和意见。根据客户的反馈和建议,及时调整和优化服务方案与服务方式
特殊情况记录	记录客户的特殊情况和事件,如生日、纪念日、开业日、重大变化等,以便在适当时机提供个性化的服务和客户关怀

续表

工作事项	工作内容
服务历史分析	分析客户的服务历史记录，了解客户的服务偏好和行为模式。根据历史数据，为客户提供更有针对性和个性化的服务建议，更新客户特征标签，精细化完善客户画像

3. 总结整理与复盘

总结整理与复盘是社区经理在完成走访与信息收集工作后的重要工作环节，通过总结整理和复盘走访服务、搜信建档的过程，发现工作中的优点和不足，进而提高工作效率和质量水平。整理复盘工作内容如表3.9所示。

表 3.9 整理复盘工作内容

工作事项	工作内容
评估服务效率	对收集工作的效率进行评估，分析完成收集工作所用的时间、人力和物力成本，以及是否达到了预期的效果
分析工作质量	对收集到的客户信息和档案资料进行质量分析，检查是否存在信息缺失、错误，以及可能的改进空间
定期抽查回访	阶段性地对走访记录进行随机抽查，按照一定比例，复核走访记录，结合回访客户的信息，核实走访结果，针对复核情况提出整改、考核、奖惩意见，确保走访工作的有效实施
复盘总结会议	召开复盘总结会议，邀请相关人员参与讨论和交流，共同总结工作经验，明确改进措施，并确定下一步的工作计划和目标
阶段总结选树	阶段总结选树是针对本阶段社区经理的成果汇总、典型经验总结、典型人物表彰等内容开展的阶段性工作，以总结会议的形式开展，根据管理职能的需要，总结会议按季度或年度召开。由社区经理负责主持会议，并协调会议相关事项。参加人员包括本单位主要领导、专业部门负责人及相关专责、社区经理及公共事业单位相关人员
制订改进措施	根据总结和分析的结果，制订有针对性的改进措施和优化方案，包括走访计划的调整、服务工具的应用、服务渠道与服务形式等方面

4. 档案信息社会化共享

档案信息社会化共享指的是将社区经理建立的电力社区档案社会化共享，共享对象为社区居委/管委、街道、政府以及其他公共事业单位。信息共享工作内容如表 3.10 所示。

表 3.10　信息共享工作内容

共享目标	工作内容
提高服务效率	共享档案资料可以避免信息孤岛和重复采集，提高社区管理和服务的效率。社区居委、管委及政府可以直接获取客户的电力使用情况、服务记录等信息，从而更加及时、准确地为居民提供服务和支持
优化资源配置	通过共享档案资料，社区居委、管委及政府可以更好地了解社区居民的需求和特点，有针对性地调配资源，提供更符合实际需求的服务。这有助于有效利用社区资源，实现资源优化配置，提升服务水平和满意度
加强协作合作	共享档案资料促进了社区居委、管委及政府与电力部门之间的协作和合作。通过共享信息，不同部门之间可以更加密切地合作，共同解决居民的问题和需求，实现资源共享、优势互补
提升服务质量	共享档案资料有助于建立更加完整和准确的客户信息库，为社区居委、管委及政府提供更准确的决策依据和服务方案。通过深入了解居民的需求和偏好，可以提供更加个性化和贴心的服务，提升服务质量和居民满意度
促进社区发展	共享档案资料有助于形成多方参与、共同推动的社区发展机制。社区居委、管委及政府与电力部门共同分享信息和资源，共同规划和实施服务项目，推动社区经济、文化和环境的全面发展

二、服务处理

服务处理工作流程如图 3.4 所示。

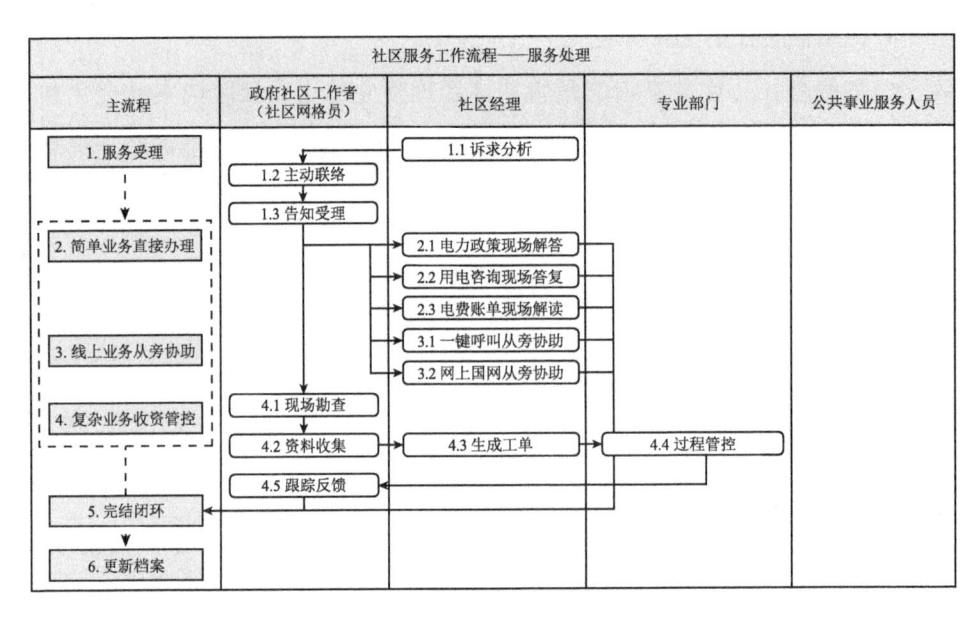

主流程	政府社区工作者（社区网格员）	社区经理	专业部门	公共事业服务人员
1.服务受理	1.2 主动联络 1.3 告知受理	1.1 诉求分析		
2.简单业务直接办理		2.1 电力政策现场解答 2.2 用电咨询现场答复 2.3 电费账单现场解读		
3.线上业务从旁协助		3.1 一键呼叫从旁协助 3.2 网上国网从旁协助		
4.复杂业务收资管控	4.1 现场勘查 4.2 资料收集 4.5 跟踪反馈	4.3 生成工单	4.4 过程管控	
5.完结闭环				
6.更新档案				

图 3.4　服务处理工作流程图

（一）服务受理

社区经理为社区提供业务代办服务，主要包括电费代扣代缴、电费通知等简单业务的直接代办，业扩报装、能效服务等复杂业务的收资管控，一键呼叫、网上国网等线上业务的从旁协助，实现客户办电足不出户，足不出社区。

服务受理的主要流程如图 3.5 所示。

1.诉求分析

社区经理在接到或收集到服务诉求之后首先要进行初步分析，比如明确诉求对象、客户情绪、是否需要与社区联合解决

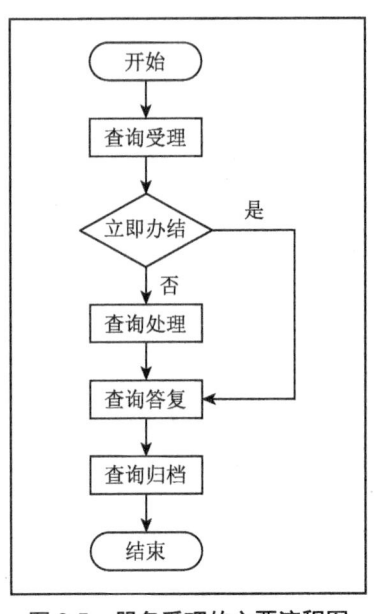

图 3.5　服务受理的主要流程图

等。在分析中，形成初步的诉求处理方案，涉及基本流程、诉求处理团队、是否需要上报等。

2. 主动联络

社区经理在基本了解诉求情况后，应当与客户主动联络，询问服务诉求细节和要求，以及服务期望。如果客户有情绪，社区经理需要在第一时间安抚客户情绪，避免舆情的发生或恶化。

当客户情绪激动时，社区经理应在第一时间安抚客户情绪，认真倾听客户意见并分析问题，提出解决方案，征求客户意见，直到与客户达成一致，取得客户认可。典型场景应对话术如表 3.11 所示。

表 3.11　典型场景应对话术

典型场景 1：客户因对工作不理解产生情绪波动	
应对方式	话术参考
委婉解释	当客户的要求与政策法规或企业制度相悖，发生纠纷时，营业人员要向客户耐心解释，争取客户理解，与客户沟通时应委婉、语气诚恳，不与客户发生争执
请求协助	当客户情绪过激，不接受社区经理解释，存在舆论隐患时，社区经理应第一时间请社区居委/管委或其他供电服务人员协助，快速引导客户到就近接待室，避免聚众
典型场景 2：因供电服务人员的工作失误导致客户情绪激动	
应对方式	话术参考
合理解释	××先生/女士，您好！我们的疏忽给您带来不便，我们深表歉意！我们会尽快帮您处理好/尽快办理好相关业务，请您稍等。 （如果客户接受）谢谢您的谅解！
典型场景 3：客户拒不接受	
应对方式	话术参考
委婉解释	不好意思，我们已经了解了您的问题，您可以尝试通过……解决这个问题。有任何我们可以做的，我们一定尽力帮您解决，谢谢您的配合
引导接待	××先生/女士，我们会向相关部门反映，看有没有其他的解决方法，您看这样可以吗？（如果客户接受）这边请……

3. 正式受理

在正式办理业务前，社区经理需要完成受理告知的工作事项。正式受理主要分为两个步骤。第一步是基于客户所需办理的业务，社区经理与客户沟通业务办理的基本流程、所需准备的材料、业务办理的时效情况等，如在服务现场应向客户递交"一次性告知书"；第二步是社区经理与客户再次确认诉求细节，并明确告知客户诉求已经开始受理，加强客户的服务感知。

在受理过程中需要注意向客户承诺的范围，不在可承诺范围内的不得随意承诺，并且应告知客户"工作日"和"天"的区别。

表 3.12 为业扩报装受理承诺事项。

表 3.12　业扩报装受理承诺事项

事项	说明
欠费停复电	智能交费、购电制客户测算电费余额不足依合同（协议）采用停电措施的，经预警后实施远程停电，及时续交电费后 24 小时内恢复供电；后付费客户欠电费应依法采用停电措施的，提前 7 天送达停电通知，费用结清后 24 小时内恢复供电
电表数据异常	受理客户计费电能表校验申请后，5 个工作日内出具检测结果；客户提出抄表数据异常后，5 个工作日内核实并答复
低压居民业扩报装（含变更用电）时限	全面推行低压"三零"服务，新装（增容）受理后 5 个工作日内装表接电。 居民用户更名、过户业务在正式受理且费用结清后，5 个工作日内办理完毕
低压非居民业扩报装时限	实行"三零"服务的低压非居民客户，受理后 10 天内装表接电。 未实行"三零"服务的低压非居民客户，供电方案答复期限为不超过 3 个工作日，装表接电期限为不超过 2 个工作日
高压客户业扩报装时限	供电方案答复期限：高压单电源客户不超过 10 个工作日，高压双电源客户不超过 20 个工作日。 设计审查期限：不超过 3 个工作日 中间检查期限：不超过 2 个工作日 竣工检验期限：不超过 3 个工作日 装表接电期限：不超过 3 个工作日

续表

事项	说明
分布式电源项目	接入系统方案时限：受理接入申请后，10kV及以下电压等级接入，且单个并网点总装机容量不超过6MW的分布式光伏单点并网项目不超过20个工作日，光伏多点并网项目不超过30个工作日，非光伏分布式电源项目不超过40个工作日；受理接入申请后，35kV电压等级接入，年自发自用电量大于50%的分布式电源项目不超过60个工作日；受理接入申请后，10kV电压等级接入且单个并网点总装机容量超过6MW，年自发自用电量大于50%的分布式电源项目不超过60个工作日。 在受理设计审查申请后，10个工作日内答复审查意见。 在受理并网验收及并网调试申请后，380（220）V电压等级接入电网的，5个工作日内完成关口计量和发电量计量装置安装、签订合同；10kV及以上电压等级接入电网的，5个工作日内完成关口计量和发电量计量装置安装，签订合同及《并网调度协议》

【注】本表所涉时限以国家或国家电网有限公司最新要求为准。

（二）业务办理

1. 简单业务直接代办

无须现场勘查的业务，主要包括城市（农村）社区的更名/过户、一户多人口、峰谷电变更等业务，工业社区的更名/过户容量变更、需量值变更、增值税变更、电价策略变更等简单业务，社区经理可直接代办并跟踪闭环。

（1）现场办结工作形式

① 主动介绍。社区经理在走访社区过程中，了解客户有相关简单业务办理需求，遇到客户行动不便及其他特殊群众时，社区经理负责接受咨询、业务受理申请、受理业务需求。若需要开展代办服务，应由申请人自愿申请，代办方式包括全程代办、环节代办、现场办结等。

② 现场办结。针对现场对接的需求，社区经理遇到可现场答复的事项，应主动为社区提供咨询解答服务，如业务办理方式、业务办理材料、业务适用政策等，其中适用政策包括政府、社区或上级供电单位发布的相关涉电政策、法规和指导文件，以及对其实施细则的解读。现场可办结业务，可通过

手持终端受理业务办理申请，现场予以受理办结。现场办结业务，在申请人依规资料准备完全的基础上，若需补充或修改相关材料，社区经理应告知申请人自行办理。

③ 信息公开。在现场业务办理前，社区经理应出示有效证件，表明人员身份、职务、联络方式、可现场办结或代办事项，以及公开监督电话。

（2）远程代办工作形式

针对无法现场办结的业务，社区经理指导申请人填写相关资料。对材料齐全的代办事项，预审合格后进行帮代办服务，申请人与代办人员完成材料交接和签收委托协议，由社区经理代替申请人处理代办事项；对于材料不齐全的，社区经理应一次性列出缺失的材料以及补齐材料的途径或方法，方便申请人快捷地补齐材料。收资完成后，由社区经理开展远程委托代办业务，为社区居民提供一次办结服务。事项办结后，通知申请人取件或按申请人意愿通过快递送达。

2. 线上业务从旁协助

对于不擅长使用一键呼叫、网上国网的老年人等弱势群体，社区经理可从旁协助指导、代办客户诉求等云端协同服务。

（1）一键呼叫从旁协助

当客户在社区附近的电力驿站内使用线上服务平台互动设备，社区经理可通过直接使用"一键呼叫"功能，无障碍地与后台线上服务平台进行视频连线，由线上客服远程协助处理客户诉求。

（2）网上国网从旁协助

当客户不会使用"网上国网"APP办理业务时，社区经理在客户允许并实时监控的情况下，直接帮助客户操作设备，实现简单业务直接代办，复杂业务提供现场辅助答疑、远程协助办电等服务。

3. 复杂业务收资管控

需要现场勘查的业务，主要包括城市（农村）社区的新装、增容、电表校验、光伏签约等业务，工业社区的电表校验、新装、暂停、减容等复杂业务，社区经理可登记、收资，联动相关工作人员跟踪、闭环。对于通过95598供电服务热线、网上营业厅、收集客户端、社区微信群等渠道受理的客户用电申请，应在1个工作日内将受理工单传递至责任单位，并主动联系客户上门勘查现场，收集有关申请资料。现场收集的客户资料应在1个工作日内上传至线上服务平台派单系统，完成工作指派。

（1）现场勘查

现场勘查是指在走访过程中，对需要办理复杂业务的客户现场进行提前勘查。根据与客户预约的上门勘查时间，按照"联合勘查，一次办结"的要求进行现场勘查，在现场核实客户申请信息，对场地环境、设施情况现状等现场信息进行拍照记录，并反馈到线上服务平台工单信息中，便于下阶段运维检修人员做好业务实施准备。

（2）资料收集

资料收集是指向客户收集业务办理所需的身份信息资料、相关证明材料、业务申请书等（根据所办理业务的要求进行收集）。收集后应拍照上传至线上服务平台，并将纸质版文件带回供电公司交由专业部门审核、存档。表3.13所示为用户申请资料清单。

表3.13 用户申请资料清单

资料名称	资料说明	备注
自然人有效身份证明	身份证、军人证、护照、户口簿或公安机关户籍证明	以个人名义办理，仅限居民用电
法人代表（或负责人）有效身份证明复印件	身份证、军人证、护照、户口簿或公安机关户籍证明	以法人或其他组织名义办理
法人或其他组织有效身份证明	营业执照（或组织机构代码证，宗教活动场所登记证，社会团体法人登记证书，军队、武警出具的办理用电业务的证明）	

续表

资料名称	资料说明	备注
房屋产权证明或其他证明文书	1. 房屋所有权证、国有土地使用证、集体土地使用证 2. 购房合同 3. 含有明确房屋产权判词且发生法律效力的法院法律文书（判决书、裁决书、调解书、执行书等） 4. 若属农村用房等无房产证的，须由所在镇（街道、乡）及以上政府或房管、城建、国土管理部门根据所辖权限开具产权合法证明	申请永久用电（左边所列四项之一）
	1. 私人自建房：提供用电地址产权权属证明材料 2. 基建施工项目：土地开发证明、规划开发证明或用地批准等 3. 市政建设：工程中标通知书、施工合同或政府有关证明 4. 住宅小区报装：用电地址权属证明和经规划部门审核通过的规划资料（如规划图、规划许可证等） 5. 农田水利：由所在镇（街道、乡）及以上政府或房管、城建、国土管理部门根据所辖权限开具产权合法证明	申请临时用电（左边所列项目之一）
授权委托书	需要提前签署业务办理事项授权委托书	非户主办理提供
经办人有效身份证明	身份证、军人证、护照、户口簿或公安机关户籍证明	
房屋租赁合同	标注相关责任人关键信息，如身份证、联系方式、租赁产权信息和房东信息	租赁户办理提供
承租人有效身份证明	身份证、军人证、护照、户口簿或公安机关户籍证明	
一般纳税证明	一般纳税人资格证书、银行开户许可证或银行开户信息（包括开户行名称、银行账号等）	开具增值税发票提供
重要用户等级申报表和重要负荷清单	重要电力用户提供	

续表

资料名称	资料说明	备注
政府主管部门核发的能评、环评意见	按照政府要求提供	
涉及国家优待电价的，应提供政府有权部门核发的意见	享受国家优待电价提供	

[注]

① 核查客户已提交资料的完整性、合法性、有效性。

② 受理人员应向客户提供"用电业务办理告知书"。

③ 对于提供资料不完整的客户，应出具"承诺书"和"用电申请缺件通知书"，并告知客户后续需补齐资料。

④ 法人或其他组织主体资格证明文件：法人代表（或负责人）有效身份证明复印件（同自然人）；营业执照（或组织机构代码证，宗教活动场所登记证，社会团体法人登记证书，军队、武警出具的办理用电业务的证明），优先提供营业执照，无营业执照的可提供组织机构代码证等。

⑤ 指导客户填写"用电登记表"及"客户主要用电设备清单"，双方签字盖章后，一份交给客户，一份归档。

⑥ 提醒客户阅读《国家能源局 浙江监管办公室关于用户受电工程建设有关事项的提示》并签收，向客户说明"三不指定"事项，指导客户使用浙江省电力用户受电工程市场信息与监管系统。

⑦ 房屋合法产权证明文件上的地址与用电地址应一致。

⑧ 表单中的任何签名应保证是本人亲笔签名，不能用签字章代替签字。

⑨ 盖章时一律使用红色印泥，印章要清晰、鲜明。

⑩ 工作表单中客户签署栏为"客户签收"的签收类表单，由客户本人或经办人签名即可，不需要加盖公章。

（3）生成工单

经专业部门审核允许实施后，社区经理需要新建分派工单，完善工单信息，补充现场勘查情况及客户资料，选择接收人员后，完成工单派发。

(4) 过程管控

过程管控是对整个业务流程的监督和管理，包括对工单生成以及后续处理环节的进展情况进行控制和调整，确保各项任务高效高质完成。

(5) 跟踪反馈

社区经理通过线上服务平台任务管控界面实现业务办理线上全流程管控，并向客户做到阳光化作业，随时让客户知晓业务办理进度与现场情况。

（三）完结闭环

闭环完结是指在业务办理后期，对服务过程进行总结和评估，反省是否有遗漏或服务不到位的地方，在最后阶段查缺补漏。然后，与客户确认业务办结情况，回访调查客户服务满意度，征询服务意见。

（四）更新档案

业务办结后，社区经理应在第一时间更新客户档案，做好服务记录，以确保客户信息的完整性与准确性，同时为日后的沟通和服务提供依据。更新信息包括业务办理的服务结果、客户满意度、反馈意见等。

三、社区信赖

社区信赖业务办理流程如图 3.6 所示。

社区服务工作流程——社区信赖

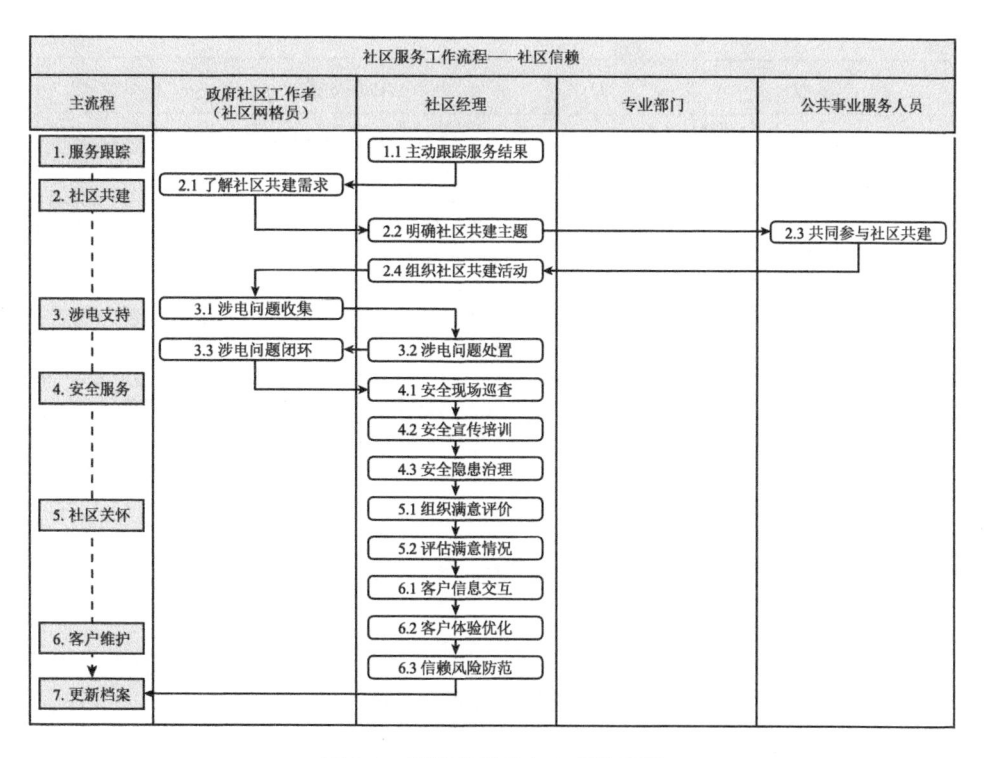

主流程	政府社区工作者（社区网格员）	社区经理	专业部门	公共事业服务人员
1. 服务跟踪		1.1 主动跟踪服务结果		
2. 社区共建	2.1 了解社区共建需求	2.2 明确社区共建主题		2.3 共同参与社区共建
		2.4 组织社区共建活动		
3. 涉电支持	3.1 涉电问题收集	3.2 涉电问题处置		
	3.3 涉电问题闭环			
4. 安全服务		4.1 安全现场巡查		
		4.2 安全宣传培训		
		4.3 安全隐患治理		
5. 社区关怀		5.1 组织满意评价		
		5.2 评估满意情况		
6. 客户维护		6.1 客户信息交互		
		6.2 客户体验优化		
		6.3 信赖风险防范		
7. 更新档案				

图 3.6　社区信赖业务办理流程图

（一）信息告知

1. 信息告知内容

（1）政策告知

社区经理为社区提供价费、业扩报装、变更用电、充换电服务、市场能效服务等事项的政策告知服务（见表 3.14）。

表 3.14　政策告知具体内容

事项	具体内容
价费政策告知	主要包括向社区用户告知电价和收费政策以及提供有偿服务时的收费项目、收费标准和依据

续表

事项	具体内容
业扩报装及受电工程市场行为政策告知	主要包括新装、增容和规范用户受电市场行为的政策和制度文件
变更用电政策告知	主要包括销户、暂停（暂停恢复）、减容（减容恢复）、更名过户等变更用电政策
充换电服务政策告知	主要包括小区整体加装（统装）、个人车桩新装、优惠电价等最新政策
市场能效服务政策告知	主要包括能效公共服务、负荷管理、市场化交易（含代理购电）电价、交易规则、购电程序等重要政策

（2）传统业务告知

社区经理为社区提供传统用电业务、停限电、表计轮换、电费账务等事项的业务告知服务（见表3.15）。

表3.15 传统业务告知具体内容

事项	具体内容
传统用电业务告知	主要包括新装、增容及变更用电的办理时限、办理环节、申请资料等业务信息，供电可靠性、用户受电端电压合格率等供电质量情况，本地区配电网接入能力和容量受限情况等可开放容量信息
停限电告知	主要包括计划停电、故障停电、计划限电、欠费停电的停电区域、停电线路、停电起止时间以及本供电营业区有序用电方案、限电序位等信息
表计轮换告知	主要包括电能表轮换涉及的换装计划、表计底度（度数）、业务需配合事项等信息
电费账务告知	主要包括通过电话、短信、微信等线上渠道或社区经理主动上门等线下渠道，向社区用户告知电费金额异常、电费账户异常等信息

（3）新兴业务告知

社区经理为社区提供"政务+供电"服务、充换电服务、市场能效、分布式电源并网等事项的业务告知服务（见表3.16）。

表 3.16　新兴业务告知具体内容

事项	具体内容
"政务+供电"服务告知	主要包括通过移动客户端（网上国网、i国网移动客户端等）为城市（农村）社区用户提供"统一账单、联合交费"，为工业社区用户提供"一证办电"等信息
充换电服务告知	主要包括车桩服务、充电桩（居民电动汽车充电桩、集中式经营性充电桩等）报装申请等信息告知
市场能效告知	主要包括能效公共服务、负荷管理、市场化交易（含代理购电）的政策解读、业务规则等信息
分布式电源并网告知	主要包括分布式光伏、储能并网的办理时限、办理环节、申请资料等业务信息，自然人分布式光伏项目政府备案等代办信息

（4）志愿服务告知

社区经理为社区提供志愿服务活动、服务项目、服务案例等事项的告知服务（见表 3.17）。

表 3.17　志愿服务告知具体内容

事项	具体内容
活动告知	主要包括联动社区居委（管委会）开展"千户万灯"志愿服务主题活动、红船共产党员服务队服务活动等信息
项目告知	主要包括向社区告知"千户万灯"等志愿服务项目的内容、覆盖面、影响力等信息
案例告知	主要通过讲故事、讲典型、讲体会等方式，向社区开展志愿服务案例宣贯，为社区自治、志愿参与提供支持服务

2. 信息告知方式

（1）短信告知方式

短信告知是指通过短信平台向客户发送信息的一种告知方式。它将相关信息以短信的形式发送到用户的手机上，用户收到短信后可以随时查看。常用于停电通知、缴费提醒、特惠活动等场景。短信通知的优势在于操作简单，设备适配程度高。同时其也存在一定的短板：首先，由于短信推送频繁，用户可能会忽略重要信息；其次，短信受字数限制，较难传递复杂信息。因此，不建议使用单一短信通知方式，可以搭配其他的告知渠道，紧急通知或复杂信息也不建议使用短信告知的方式。

（2）电话告知方式

电话告知是指通过电话通话向客户传递信息的一种告知方式。社区经理可以拨打用户的电话，或通过电话机器人等方式进行信息告知。电话告知适用于需要与用户进行实时沟通、确认预约信息等情况。电话告知可以与用户进行实时沟通，便于解答用户疑问，可以确保信息传递的准确性。电话通知时间成本较高，部分用户可能会拒绝接听电话或挂断电话，社区经理可以在电话通知失败时使用短信的方式再次告知重要信息。

（3）微信告知方式

依托线上服务平台的微信告知服务是指通过线上服务平台主动向微信社群发布停电信息告知、服务政策告知、表计轮换信息等，实现服务信息的主动推送。社区经理在线上服务平台打开消息推送功能界面，点击新增推送，进入推送信息编辑界面。在线上服务后台，已经预设了高频场景的信息模板，我们只需要选择合适的模板，根据实际情况编写通知内容。以告知停电信息为例，补充填写停电原因、检修停电范围、停电时间等信息，选择需要告知的社区微信群，点击"确定"后，线上服务平台会自动生成通知海报，并将停电通知精准触达微信社区客户。微信告知可以发送图文、语音、视频等多种形式的内容，也是大众愿意接受的信息传递渠道，但部分中老年或非智能手机用户可能无法使用微信，社区经理也要特别关注。

（二）服务跟踪

社区经理在为社区提供服务后，应加强社区回访联络，做好特殊客户表后延伸服务、重点客户服务跟踪，注意服务质量管控及社区信赖获取，进一步加强电力与社区居委、社区物业的共建联动，提高社区客户黏性。

1. 社区服务跟踪重点内容

社区经理协助加强社区供电质量、社区服务事项等跟踪，有助于加强保障电力系统电能质量水平，优化电力营商环境，更好满足社区电力用户电能需求。

（1）社区供电质量跟踪重点内容

依据《电力供应与使用条例》、《电力监管条例》、《电能质量管理办法》（自2024年4月1日起施行）等法律法规，应加强以下有关供电质量事项的跟踪力度。

① 发现、跟踪管辖社区及社区用户的电能质量。

② 发现报告存在电能质量问题的干扰源用户和对电能质量有特殊要求的用户。

③ 跟踪社区用户违法违规用电行为。

④ 跟踪电力生产安全隐患处理等事项。

（2）社区服务事项跟踪重点内容

应加强与社区居委、社区用户、社区伙伴等社区服务对象的沟通联系，加强社区共建、涉电支持、安全服务、社区关怀、客户维护等事项的跟踪。

① 社区共建。社区经理为社区提供政企网格共建共治等社区共建服务，主要将"社区居委/物业+社区经理"作为共建主体，围绕网格涉电诉求、网格用电安全隐患、网格紧急突发事件等提供供电服务。

② 涉电支持。社区经理为社区提供安全用电宣传、表后问题沟通、社区便民服务等涉电服务支持。

③ 安全服务。社区经理协助社区及时解决居民用电安全隐患及企业生产安全用电问题，规范表后用电习惯及设备安全操作。

④ 社区关怀。采用线上线下融合服务模式，通过各种渠道与客户进行定期的沟通与交流，在联系客户、服务客户过程中践行客户慰问关怀、活动邀约等关怀方式。

⑤ 客户维护。社区经理发挥接触前端用户的岗位优势,将服务过程中接触到的客户信息、客户需求、客户意见转化为优化客户体验的行动依据,通过客户体验优化与风险预防,提升服务质效。

2. 社区服务跟踪方式

依据管辖社区的社区属性及个性化需要,针对不同对象,选定服务跟踪方式(见表3.18)。

表 3.18　社区服务跟踪方式

跟踪对象	跟踪方式
社区居委	针对社区居委,视各社区情况,按照月度或季度周期开展服务跟踪,及时跟进社区在建涉电工程、主题活动、涉电设备等情况
社区客户	针对特殊用电诉求、特殊关爱群体用户定期跟踪,每月至少1次现场走访;针对日常社区用户,加强沟通渠道触达,通过社区建立线上沟通渠道
社区物业	季度跟踪维护,问题及时处理,跟踪物业反馈的相关电力问题
社区伙伴	依据共建诉求,在项目开展期间加强联系,联合处理共建过程中的服务难点

(三)社区共建

1. 了解社区共建需求

(1)了解社区共建需求来源

社区经理需要了解社区共建需求的获取来源,通过主动推动、主动沟通、主动落实等方式,跟踪社区共建政策要求、制订社区共建项目计划,学习社区共建特色方式,满足社区共建需求,践行社区共建特色举措。

1)跟踪社区共建政策要求

根据《关于加强基层治理体系和治理能力现代化建设的意见》,基于延伸乡村供电服务渠道,开展"村网共建"电力便民服务的要求,学习了解村网共建、社网共建、企网共建的最新政策,在"助力供电网格服务纳入政府主导的城乡基层治理""解决人民群众急难愁盼的涉电问题""加强'社网共建'电力便民服务"等工作上履行职责，执行工作标准和工作职责，确保共建工作实干实效、政府认可、群众满意。

2）制订社区共建项目计划

落实公司工作部署，根据辖区内社网共建的工作方案和实施计划，做好具体落实工作，定期对服务工作情况及成果进行汇报，通过常态化联络定期对接辖区街道及社区，实现供电服务与社区服务互进互促。

3）学习社区共建特色方式

了解社区网格化服务、精细化服务、智能化服务相关举措，学习"五社联动"机制、"民呼我为"机制、服务供给机制，主动参与社区"水电网（气暖）"联办、"一件事一次办"、电动汽车节点充电一站式服务等工作。

（2）加强社区共建需求分析

加强对城市社区、工业社区、农村社区三类社区共建的需求分析能力，区分拥有不同用户规模、成熟程度、建设重点的社区共建需求，匹配相应的供电服务事项与形式（见表3.19）。

表3.19 不同社区类型的建设重点

社区类型	成熟程度	社区共建重点
城市社区	建设初期	针对新建小区，提前介入共建事项，建立社区服务团队，对水、电、通信等共建线路铺设进行提前规划，共同商讨建设项目落实计划和方案
城市社区	建设晚期	加强老旧小区整改，针对浙江省未来社区建设的治理场景、服务场景、低碳场景、建筑场景，配合创业服务、光伏建设和集中供暖、智能管理等工作落实
工业社区	建设初期	针对新建工业社区，加强社区园区公共服务基础设备完善，联合水、气、通信等服务单位，加强园区基础设施配套建设，充分满足园区用能需求

续表

社区类型	成熟程度	社区共建重点
工业社区	建设晚期	优化社区企业用户营商环境与工业社区居民的生活环境，配合企业能效服务，推广"三零""三省"服务，提升企业用户营商环境质效，并保障居民日常用电，做好工业社区停用电告知，减少停电为工业社区居民带来的不便
农村社区	建设初期	加强农村社区老旧设备、私拉电线、线路混乱等安全情况整改及共建，加强农村安全知识宣讲
农村社区	建设晚期	加强农村社区电气化改造，支撑社区全电设备改造及全电经济发展

（3）加强社区共建需求应对

社区经理是电力企业主动走入社区的服务前端，应通过信息共享与服务沟通，加强对社区共建需求的搜集与分析，依据工作界面及处理权限，选择合适的需求应对方式：

① 需求转工单。加强与社区各主体对象的对接，有效沟通电力需求、电力负责事项等内容，通过与社区经理沟通，直截了当地将诉求转化为电力服务工单，减少过程性沟通与问题推诿。

② 需求转提案。对于超出电力处理范畴或需多主体协助处理的诉求，由社区经理提供解决提案及意见，协助相关问题解决，争取相关对象理解，最大限度响应诉求。

③ 需求转报送。向公司上报需要调动其他资源、升级服务、特殊关注等电力事项，为后续方案提供相关建议，助力上级决策及相关情况处理。

2. 明确社区共建主题

（1）机制类共建主题

社区经理协助社区健全基层治理体制机制，践行网格融合建设机制、网格融合服务机制、社网支部结对机制，为社区居委、基层党组织提供共建渠道与共建服务，为客户提供主动、便捷、互动的供电服务。

1）网格融合建设机制

将电力网格与政府网格进行比对，建立与政府网格员的联络，确保网格覆盖百分百、网格员联络百分百，便于电力信息传达与社区客户服务。

2）网格融合服务机制

基于网格融合共建形式，利用网格线上、线下渠道，缩短信息反馈渠道，社区经理可依托网格渠道平台，发布和提供电力信息、电力咨询、电力服务。

3）社网支部结对机制

在社区经理服务社区过程中，了解社区内党支部建设数量、建设形式与共建需求，搜集党支部书记或相关工作负责人联络方式，为公司内部党支部提供共建联络信息与共建方式建议，协助内部基层党支部完成支部结对联络工作。

（2）诉求类共治主题

社区经理需要了解与电有关的诉求类共建主题类型，在需求了解过程中进行诉求归类，明确不同特征、属性社区的倾向性诉求，从而实现同类社区问题的一揽子解决。

1）网格涉电业务诉求

在前文提及的简单业务、线上业务、复杂业务处理基础上，涉电业务诉求还包含涉电矛盾处理、涉电有偿服务等事项，通过与社区居委、政府网格员的联系，开展业务集中办理、协调处理、特色服务等。

2）社区用电安全诉求

基于电力安全知识科普、社区电力安全巡查、安全隐患协同处理的诉求，特别关注迎峰度夏、迎峰度冬、极端恶劣天气等时节的安全巡视工作，与社区共同建立安全的工作生活环境。

3）突发事件处理诉求

增强社区应急管理能力，参与社区综合应急演练，提供10千伏配电网应急抢修的应急演练预案，加强抢修计划传达与信息播报，缓解社区居民在停电与未知情况下的慌张情绪。

（3）资源类共享主题

社区经理需要关注可进行信息共享、资源共享、空间共享的社区，善于挖掘社区共享的可行性，充分发挥电力优势，与政府相关部门共同参与社区共建，共同承担社会责任。

1）信息共享

① 客户信息校准。针对记录有异常、有遗漏的客户信息，与社区网格员进行信息核对与完善，减少现场核对工作量。

② 特殊客户登记。针对网格内孤寡老人、留守儿童、残疾人、低保户等特殊群体进行标签标注，为后续志愿活动开展奠定基础。

③ 电力经济数据共享。通过电力数据反馈社区经济发展状况，以电力指标助力政府决策与政策实施。

2）资源共享

① 人力资源共享。联合网格内水、通信、交通、气、热等公共服务力量，进行资源整合，共享团队人力资源，组建社区服务队伍，加大紧急时期、重要时期的服务力量。

② 平台渠道共享。利用社区智能化平台及线上渠道，拓展用电信息发布、宣传、管理平台，扩大社区信息传达、客户管理的辐射面。

3）空间共享

① 文化空间共享，社区经理将社区居委会、管委会办公场地或社区公共文化空间，将社区共建活动意向与社区特色文化反馈至公司内部，推动共建活动落地。

② 便民空间共享，在社区走访时间维护设立在便民空间的电力智能设备，或向公司反馈需要设置线上便民设备的空间场所。

3. 共同参与社区共建

依据加强基层治理体系和治理能力现代化建设的总体要求，坚持以人民为中心和基层共建共治共享，社区经理结合社区共建主题，联合社区物业/居委/伙伴，共同研讨机制共建、诉求共治、资源共享的丰富形式，深化社网共建合作模式，提升基层公共服务水平。

（1）机制共建合作模式

① 共建网格优化。立足社网网格重合度与对接用户的涵盖量，比对相关差距与不适配的网格划分形式，及时向公司反馈电力网格情况与建议，提高社网融合程度。

② 共建协议签署。明确社网共建意向，确定工作职责和范围，寻求社区意见与共建事项，签署双方认可的共建协议。

③ 共建渠道维护。与社区明确电力可在社区落地的渠道，与社区需要在电力开通的渠道权限，明确需要电力运维的渠道平台，如电力网格经理联络信息、电力公告信息等。

④ 共建联络保障。建立社网联络人通信录，确定政府网格联络人管辖范围，持续跟踪联络人在岗情况，确保联络信息正确有效。与联络人协商联络时间，定期交换相关信息，提高联络人之间的熟络度。

（2）诉求共治合作模式

① 诉求调研共同解读。参与社区诉求调研过程，了解与电力相关的诉求及存在的问题，对社区诉求共识、诉求响应程度、诉求预期差距等情况进行解读，顺畅社区及社区居民的诉求反馈渠道。

② 诉求满足共同研讨。加强与社区居委及社区伙伴的优势互补，加强社区基层组织的衔接，通过社区经理与社区的共同研讨，实现服务理念创新、诉求共治标准建立、电力业务办理流程压缩等共建效果优化。

③ 共治模式共同固化。社区经理熟悉社区基层组织建设情况，如社区网格员、社区党组织、社区安委会、社区矛盾协调委员会等组织，形成涉电业务办理加速模式、涉电纠纷处置模式、安全隐患共治模式、电力官方信息发布模式，固化社区诉求共治方式与经验。

④ 共治效果共同反馈。社区经理需要倾听社区及社区居民对于电力工作的反馈，及时消除认识误区，弥补诉求处理不足之处，增益优势工作，提升群众对电力的获得感。

（3）资源共享合作模式

① 资源共享，精细化合作。社区经理有意识地提高客户信息及电力数据的使用程度，依据扶贫攻坚、爱心帮扶、便民服务、电力保供等不同政策规范，提升信息资源的利用价值。

② 服务共享，精益化合作。社区经理加强电力服务宣传，拓宽电网检修、用电政策、用电活动等服务共享资讯，确保社区及社区客户第一时间享受相关政策福利与优惠。

③ 空间共享，精确化合作。社区经理妥善利用社区空间资源，协助公司完成空间常态共享、空间长效运维等后续工作，在最合适的空间为社区用户提供最需要的服务。

4. 组织社区共建活动

（1）议事研讨会

社区经理可以借助社区民主议事会开展契机，参与社区日常工作议事环节，走近一线听取居民心声与真实意见，建立面对面沟通渠道。

（2）主题活动日

结合社区活动开展周期，因社区建设需要，社区活动日的居民参与人流较为集中，社区经理可从社区网格员处获取社区全年活动计划，寻找合适时间开展电力相关主题活动，提高社区居民的参与度。

（3）志愿服务日

现阶段"一老一小"作为社区志愿服务的重点，社区经理在日常走访过程中，获取最需要开展志愿服务的社区，将相关信息反馈至公司系统红船党员服务队与志愿服务队，加大电力志愿服务影响力。

（四）涉电支持

1. 涉电问题收集

社区经理应该从社区用户角度考虑涉电问题，对照客户涉电相关问题集，关注可能出现的涉电问题，做好相关情况记录，提前介入问题沟通和解决流程。

（1）涉电业务问题

依照简单业务、复杂业务和线上业务办理情况，结合现实工作中出现的典型案例，注意以下可能会出现的涉电业务问题。

① 电费电价及欠费处理问题：电费电价存在疑问、电费催收不规范、抄表数据异常未及时答复、客户交错费问题、多次催费产生工单等问题。

② 电能表计问题：用户端表后线混乱、表计错接、表计校验存在异议、表箱位置不合理、表计轮换不规范、移表未通知客户等问题。

③ 电力政策疑问：对于政策内容了解不全面，对于政策解读存在疑惑，对于无法享受政策抱有不满，对于客户应当遵守的电力法律法规不够了解。

④ 表后权责问题：表后供电问题超出电力责任边界，在情况说明过程中存在方式欠妥、客户不理解等问题。

（2）涉电服务问题

社区经理应注意社区用户多样化需求，在提供涉电服务时，树立主动服务意识，考虑服务承诺、服务态度、服务能力等各方面要素，注意以下几个涉电服务问题。

① 故障抢修问题：故障抢修超过承诺时限、频繁停电、抢修不到位、接线错误、服务态度等问题。

② 营商环境问题：各类业务办理告知不到位、客户资料登记有误或搜集不规范、业务办理时限过长、一户多人口产生的误会等问题。

③ 社区便民服务问题：主要针对老旧社区线路改造、充电桩报装、光伏

新装等共性的、批量的业务办理需求，存在响应不到位、处理方式不合理等问题。

④ 政企联动：代理购电未告知、光伏并网未受理、政府强拆表计、电力设施噪声等问题。

（3）涉电矛盾问题

社区经理针对电力建设、运行、迁改等涉电矛盾纠纷，联合社区通过矛盾调查、协商处理、调解闭环方式化解涉电矛盾纠纷。

① 涉电矛盾调解问题：落实"枫桥经验"，争取与客户友好协商，调查在先，调解在前，尽量取得矛盾双方谅解与和解，避免因沟通不当、不友好造成的矛盾激化等问题。

② 涉电矛盾受理问题：协调对应社区居委、社区律师共同参与涉电矛盾受理环节，保留完整的证明材料，了解涉电矛盾处理流程，避免出现材料遗漏、证据链不完整、应对方案不合理等问题。

③ 涉电矛盾解决问题：确定最终矛盾解决方案，保留相关证据、文件材料，总结相关纠纷处理形式，并进行归纳总结。

2. 涉电问题处置

社区经理应该及时处理涉电问题，熟悉相关电力法律法规以及制度文件，分析问题出现的根本原因，探讨解决问题的现实路径。可按情况调研、需求反馈、协调解决、客户回访的流程进行问题处置。

3. 涉电问题闭环

主要包括按照"记录—跟踪—回访"流程推进问题闭环工作，依据问题解决方案记录情况及相关时间节点，跟踪反馈各项工作处置情况，及时给予客户回复，并开展客户满意度回访，确保隐患消除到位、责任落实到位、矛盾化解到位。

（五）安全服务

1. 安全服务工作内容

社区经理就社区内配电设施老旧破损、电力线路安全隐患等传统电力设施问题，光伏电站、储能电站、公用充电站等新型电力设施问题，以及客户侧配电站房、空压机站等用电安全方面发现的或客户咨询的问题，为社区提供故障隐患的信息收集、进度跟踪及监督闭环，协调用电安全的宣传及培训讲座等服务。

社区经理在安全服务方面的工作内容主要包括安全现场巡查、安全宣传培训和安全隐患治理。在安全现场巡查中，社区经理发现潜在隐患，如配电箱损坏、电表异常等，并记录相关信息；然后，社区经理对用户进行现场劝导，提醒他们隐患的严重性，并建议尽快整改；接下来，社区经理在服务受理阶段，尽快与相关部门联系，确保隐患得到及时整改。在安全宣传培训方面，社区经理根据走访中发现的安全培训需求，与社区居委协商开展相关培训工作，提升公众的用电安全意识。最后，在安全隐患治理方面，社区经理加强社区居民对安全隐患的认知，及时将隐患反馈至责任方，并持续跟踪隐患的处理情况，直至隐患得到解决。

2. 安全服务工作步骤

（1）走访巡查

① 发现潜在隐患：主动排查社区设备及用电问题，如配电箱损坏、电表异常、电线破皮外露等。

② 记录隐患信息：对发现的安全隐患进行详细记录，为后续整改提供依据。

（2）现场劝导

① 与用户沟通：积极与用户沟通，告知他们隐患的严重性，并建议尽快整改。

② 保持耐心和礼貌：在劝导过程中保持耐心和礼貌，让居民充分认识到

电力安全的重要性。

（3）服务受理与整改

① 联系相关部门：在服务受理阶段，尽快与相关部门联系，确保隐患得到及时整改。

② 保障整改质量和进度：持续跟踪整改工作的质量和进度，确保社区居民的用电安全。

（4）安全宣传培训

① 记录安全培训需求：根据走访中收集的安全培训需求，与社区居委协商开展相关培训工作。

② 提升公众安全意识：加大用电安全常识和电力法规的宣传力度，提升公众的用电安全意识。

（5）安全隐患治理

① 加强安全认知：通过典型画面讲解，增强社区居民对用电隐患的发现能力，鼓励他们留心身边的安全隐患。

② 反馈至整改责任方：及时将安全隐患反馈至责任方，协调整改工作，并持续跟踪处理情况，直至隐患消除。

（六）社区关怀

1. 组织满意评价

（1）满意评价作用

社区经理应更加注重用户需求满意评价与服务品质水平等情况，重视客户对于电力用能、供电可靠程度、供电服务等的评价，通过面对面沟通增强用户黏性，及时沟通，整改相关问题，提升客户满意度。

（2）满意评价维度

针对社区经理的工作内容，在公司开展的满意度测评基础上，社区经理对社区及社区用户的满意度调研起到辅助作用，关注社区用户满意度、影响用户满意度的相关内容，了解用户真实评价、用户预期与不足，可从以下维度关注满意评价情况。

① 企业形象评价：企业责任感、企业品牌认知度、用户重视程度等。

② 供电质量评价：平均停电时间、平均停电次数、电压质量、服务态度、业务技能水平、缴费便利性、停电通知及时性等。

③ 用户预期水平：供电情况与心理预期差距、供电服务与心理预期差距、社网共建与规划目标差距。

④ 用户抱怨情况：具体抱怨原因、抱怨现象普遍程度、抱怨频次、抱怨投诉、抱怨处理满意度。

⑤ 增值服务评价：针对能源替代、电力金融、能源诊断等增值服务，客户选购服务事项的意向、频率等。

（3）满意评价形式

社区经理主要借助社区走访、日常对接、情况反馈等时机获取客户评价，补充社区客户用户标签，完善社区满意评价信息。

社区经理可通过跟组调研（社区调研活动）、个体专访、专题小组讨论、现场咨询问询等形式开展满意度调查。

2. 评估满意情况

（1）基本需求满足

通过主动服务，提升服务专业度，可从以下维度加强客户情绪价值满足，提高评价满意度。

① 关心。关心社区客户，在开展工作时不表现出敷衍、不理不睬或应付等让客户反感的行为和表情。坚持以客户为中心，关心他们的要求或替他们解决实际问题，恰如其分地表达理解和关心。

② 倾听。客户需要公平的礼遇，而不是埋怨、否认或找借口，即使存在不可避免、超出职责范围等情况，也要倾听客户诉求，让客户有表达情绪与诉求的渠道，与客户共同探讨问题，找出客户认同的解决之道。

③专业度。社区经理需要向客户展示专业精神和专业水平，需要调查客户的隐藏意思和隐性情绪，面对复杂、难以处理的问题，能够表现出足够的耐心与责任心，解决客户实际诉求。

④反应度。社区经理在了解客户需要后，需要迅速与彻底地解决问题，而不是拖延和沉默。客户希望听到"我会优先考虑处理您的问题"，"如果我无法立刻解决您的问题，我会告诉您我处理它的步骤与时间"。

（2）客户价值满足

①慰问关怀。定期向客户发送慰问关怀短信，为客户送上节日祝福。在极端高温、超强台风、暴雪等极端天气下，为重点关注客户发送安全用电、防触电、停复电时间等温馨提醒。

②活动邀约。加强客户联络，借助活动邀约的形式，向重点关注客户发放邀请函，邀请客户参加大客户座谈会、节能周、兴农周、计量日、惠农帮等内部组织的特色活动，记录准备参加活动的客户联系方式，传递至相关活动负责人处。

（七）客户维护

社区经理发挥接触前端用户的岗位优势，将服务过程中接触到的客户信息、客户需求、客户意见转化为优化客户体验的行动依据，通过客户体验优化与风险预防提升服务质效。

1. 客户维护内容

（1）客户信息交互

通过社区内外渠道，注重客户的信息反馈与交互，了解客户的发展动向，集中解答客户疑惑，缩短信息反馈路径。社区经理在与社区的联络中，前瞻性地根据社区发展情况和客户电力需求变化，对供电服务进行完善和升级，顺应社区发展需要和客户用电需要。

①线上交互。面向当地政府、社区居委会、公共服务单位等组建公共服

务微信群，利用客户端微信群发布电力公告，表明社区经理身份、单位、岗位、姓名、联系电话等信息。

② 资讯交互。及时向社区公共服务微信群传递用电办理、安全用电、停电信息、服务渠道等。当分享相关文章时，一定要附上简短文字说明，这样传达信息的效果更好。当客户开始在群里抱怨时，一定要第一时间关心和了解客户的真实需求，并及时为其解决问题。

③ 群体交互。按照客户标签与特殊用电客户的诉求，建立相同特征和需求的客户管理群，如 VIP 客户群、志愿帮扶客户群等，为同类客户提供个性专属服务。

④ 智能交互。运用线上服务平台，在社区微信群嵌入线上服务平台智能应答等功能，实现 24 小时智能交互，减轻日常工作压力

（2）客户体验优化

学习营销服务技巧，基于客户体验管理（CEM），以客户体验为中心，从电力产品、流程管理、触点服务等方面出发，优化客户的信赖体验、便利体验、尊重体验、自主体验等，注重电力政策落实情况、客户体验满意评价等评定效果，为客户提供透明交易、流程简化、公平公正、高度互动、关注个性的体验。

信赖体验，包含提供适配、有质量保证的产品服务，保护客户个人信息安全与交易安全，提升承诺履行能力。

便利体验，包含快速响应到位、多元渠道畅通、流程精简高效、服务高效闭环等体验。

尊重体验，包含尊重客户发声、耐心倾听，尊重差异需求、耐心服务，尊重潜在价值、公平对待等体验。

自主体验，包含自主选择服务渠道、自主选择服务内容、自主选择付费内容等体验。

（3）信赖风险防范

① 服务风险防控。预防各服务触点可能产生的舆情风险、投诉风险，第一时间将问题反馈至相关部门，并与客户妥善沟通，直到风险化解、问题解决。

② 廉洁风险防控。坚守廉洁从业底线，遵守合法合规要求，规避服务过程中的"吃拿卡要"风险与小微权力风险，保障企业健康发展。

2. 客户维护渠道应用

（1）保持客户沟通

通过微信群实时、快捷、高效地向客户传达客户想知道、客户应该知道以及供电企业想向客户传递的各种图片和文案信息，并进行实时互动交流，提高客户对供电企业的了解程度和信任度，既能尊重客户的知情权，又可增强客户的获得感。

对于客户的诉求和提出的问题，社区经理要认真对待，并迅速反馈，切勿置之不理或拖延时间。要充分利用微信沟通有短时缓冲的特点，客观冷静地分析客户的真实诉求，对症精准回复。

选取最合适的沟通方式与客户进行沟通。判断什么情况下适合用群聊，什么情形下要采取私聊，根据具体的沟通场景确定沟通方式。

任何一种沟通方式都有局限性，对重要（重点关注、特殊、敏感）客户必须做到一对一沟通，必要时还必须采取电话沟通和面谈的方式。重点进行专业业务技能、政策法规、客户沟通语言技巧、客户心理学常识和文案设计等内容的学习。

（2）客户分类跟进

进行客户类别划分和特征总结，确定目标社区和潜在客户需求，主动匹配社区需要的办电业务与供电服务，主动与社区和社区用户进行沟通，满足其诉求。

时刻保持与社区网格员的联系，调动内外资源，利用有效的沟通手段和沟通策略，对社区居委进行定期拜访与跟踪观察。

善用三类档案，加强特殊用电客户维护，并向内部责任部门进行特殊情况报备和动态反馈，如社区居民存在医疗设备（呼吸机等）用电需要、社区老年人安全用电保障、病残低保等困难群体志愿帮扶、工业社区用电保障等情况反馈。

（八）更新档案

根据社区信赖相关工作内容，社区经理应注重客户信息变更、社网共建渠道联络、涉电问题处理等档案信息更新，做好动态跟踪、档案应用和问题处置，提升社区信赖与客户黏性。

第四章 作业技巧

一、社区上岗

社区上岗，重点从"规范社区行为标准（我是谁）、联络开发社区客户（我服务谁）、组建社区服务社群（我如何服务）、获取社区服务信息（我服务什么）"明确社区上岗必备四件套。

（一）规范社区行为标准

注重社区经理社区服务行为规范，积极响应客户诉求，及时反馈相关进度，定期进行社区宣传、民情沟通、便民服务、社区共建等工作，按需公布社区服务信息、政策和进度，针对社区居民的用电疑问要积极回应，遇到客户的质疑要耐心解释，体现电力职工的责任心和敬业心。

表 4.1　各行为要素的重点事项

序号	行为要素	重点事项
1	服务对象	涵盖社区居委、社区物业、社区居民、社区社会工作组织等

续表

序号	行为要素	重点事项
2	基本道德	严格遵守国家法律法规，诚实守信、恪守承诺。爱岗敬业、乐于奉献；廉洁自律，秉公办事。 真心实意为客户着想，尽量满足客户的合理用电诉求。对客户的咨询等诉求不推诿，不拒绝，不搪塞，及时、耐心、准确地给予解答。用心为客户服务，主动提供更省心、更省时、更省钱的解决方案。 遵守国家的保密原则，尊重客户的保密要求，不擅自变更客户的用电信息，不对外泄露客户个人信息及商业秘密
3	服务内容	社区经理应明晰日常服务内容，了解服务功能、服务流程、服务渠道和服务质量要求
4	服务形象	规范社区经理进驻社区服务的仪容仪表、服务设备、服务材料、服务工具、档案资料、移动作业终端、服务话术培训等事项，确保社区经理具备社区服务的基本能力
5	服务行为	社区经理应明确到社区服务的时间，并提前向社区居民公告。 社区经理必须提前做好各项社区服务准备工作，准点上岗，按照走访计划、客户邀约时间等准时上岗。 主动了解客户用电服务需求，创新服务方式，丰富服务内涵，为客户提供更便捷、更透明、更温馨的服务，持续改善客户体验。 到客户现场服务前，应与客户预约时间，讲明工作内容和工作地点，请客户予以配合；现场服务时，应按约定时间准时到达现场，高效服务。 进入客户现场时，应主动出示工作证件，并进行自我介绍。 因故无法按时到岗时，应提前与客户交流。临下班时，对于正在处理中的业务应照常办理完毕后方可下班。 客户来办理业务时，社区经理应给予热情的指导和帮助，并认真审核。 客户来咨询业务时，应主动接待，主动解答客户疑问，并适当进行服务产品的推荐。 现场工作结束后应立即清理，不能遗留废弃物，做到设备、场地整洁。 积极宣传推广新型供电服务渠道和服务产品，主动引导客户使用，提升客户获得感和满意度。在服务过程中，应尊重客户意愿，不得强制推广

续表

序号	行为要素	重点事项
6	服务环境	社区服务环境分为线上渠道和线下渠道。 线上渠道应24小时受理客户需求，如需人工确认的，如故障报修类需求，电子客服专员在3分钟内与客户确认；其他需求在1个小时内与客户确认；不能立即办结的，通过派发工单至责任单位处理。 线上渠道应公告在线人工客服时段。 网上国网（移动客户端）、95598智能互动网站应准确公示服务承诺、服务项目、业务办理流程、投诉监督电话、电价、收费项目及标准。 通过电子渠道受理业务时，应提供办理各项业务的说明资料及填写样例。 线上渠道应提供稳定、畅通的服务，因运维升级导致部分或全部功能暂停服务时，应提前公告相关信息。 线下渠道应每周安排社区经理定期坐班营业，主动收集客户服务诉求
7	服务质量	实行首问负责制、一次性告知和限时办结制。社区居民客户电费代收代缴业务办理一般每件不超过5分钟，用电业务办理时间一般每件不超过20分钟。 社区经理每天早上上岗实施班前会例会制度，做到班前提要求，班后有讲评。 社区经理逐日填写值班日志，遇到重大问题及时请示汇报。 建立社区定期巡检制度，巡检主要内容包括环境功能、服务行为和业务能力三个方面。环境功能包括社区环境、服务设施和渠道环境等；服务行为包括服务人员的仪容仪态和服务素养两个方面；业务能力包括业务办理时限和业务技能两个方面。 建立对投诉客户的回访制度，及时跟踪投诉举报处理进展情况，进行督办，并适时予以通报，严格保密制度，尊重客户意愿，满足客户匿名请求，为投诉举报人做好保密工作，对隐瞒投诉举报情况或隐匿、销毁投诉举报案件者，一经发现，严肃处理，保护投诉举报人的合法权利，对打击报复投诉举报人的行为，一经发现，严肃处理。 对社区经理服务质量进行绩效考核并上报，及时汇报并处理突发及重大服务事件

（二）联络开发社区客户

开发社区客户，主要有服务宣传、入户拜访、活动邀约、显性需求营销、隐性需求激发、老客户转介绍、跟踪服务等方式（见表4.2）。

表 4.2 开发方式及开发重点

序号	开发方式	开发重点
1	服务宣传	通过在社区内（包括工业园区、家庭住宅小区、农村）摆摊设点或走动宣传，以定期开展各项小区活动为载体，进行政策宣传、服务宣传和客户资料的搜集，并通过活动在社区内树立品牌形象； 通过热点宣传、义诊、供电服务、公益活动等方式进行宣传，吸引社区居民前来参加，收集其个人资料； 利用节假日赠送小礼品进行社区宣传，如儿童节、母亲节、建军节、老人节等，慰问军属、教师、工人等居民，进行社区印象宣传，获取客户信息； 通过组织社区具有共同爱好的居民开展活动，提供交流场所等进行宣传
2	入户拜访	针对老社区进行客户需求征询的入户服务活动 针对社区开展宣传活动的结果，以"征询服务及建议"为切入点进行客户接触； 通过"我能为你做什么"的征询活动进行客户走访； 通过开展主题活动进行入户拜访
3	活动邀约	① 活动前进行大量的广告宣传与氛围营销，吸引客户主动前来参加；② 现场发传单进行客户邀请或以抽奖的形式吸引客户前来参加；③ 设计一些主题邀请客户前来参加
4	显性需求营销	① 向年轻客户介绍网上国网 APP、社区服务平台、社区服务机器人等服务；② 向工薪阶层客户介绍一户多人口、充电桩报装等服务；③ 向企业客户介绍综合能源服务、设备托管服务、社区共建服务等；④ 向老年客户介绍社区白发经济服务、"一老一小"服务等
5	隐性需求激发	① 通过前期对客户的了解及建立的初步客户关系，尝试激发客户的隐性需求，力求做到个性化服务，通过社区营销达到客户双赢；② 通过活动获取客户的爱好等信息，然后根据不同客户的爱好第二次把客户引导到营业厅，针对其爱好开展相应的活动，以此来满足及挖掘客户需求
6	老客户转介绍	① 老客户转介绍新客户有奖品或者积分；② 根据客户需求到营业厅进一步开展活动；③ 根据不同客户需求到营业厅营销
7	跟踪服务	获得客户信息后，填写社区客户服务档案，汇总每次社区走访获得的客户信息，以便社区经理进行集中管理、跟进和维护

（三）组建社区服务社群

主动添加客户微信，积极组建社区微信群。在初识社区过程中，主动添加客户微信，并可通过客户引荐加入业主群、村社区群、物业群、社区群，便于客户有用电需求或疑问时可及时联系电力社区经理。添加客户微信、加入群后应主动进行自我介绍：

> ［示例］亲爱的电力客户，我是×××，是本社区/村供电台区经理，您在后期有任何用电相关需求、疑问、事务，欢迎您与我联络（电话号码××××××××××），这是我们社区的微信群，您可以"扫一扫"，我即将做您的贴心社区用电管家，谢谢！

（四）获取社区服务信息

新入社区经理应先快速融入社区，才能及时获取社区服务信息。熟悉社区的方法主要如表4.3所示。

表4.3 熟悉社区两步法

熟悉社区定义	对于网格工作、社区概况都较为陌生的新人社区经理来说，如何快速融入社区、掌握辖区情况是一道难题，新人社区经理可以从熟人网格切入，从熟人引荐及关系搭建两个维度，快速建立熟人圈，进而更好地融入社区
"面熟"：熟人引荐	新人社区经理在走访过程中要多看、多学、多问，利用社区经理数字化平台记录网格实际情况和带领人员口述的工作技巧。比如：社区经理要确认所在网格的区域范围和门牌号码；关注辖区内的重点人群，并形成重点人群名册；某楼栋居住人员变动较为频繁，应常和社区了解情况等。 除了对网格情况的知悉，新人社区经理要把握和社区的第一次"见面"。网格小组长或成熟社区经理作为网格内的"公共熟人"，其主动介绍能快速建立社区、居民等对新人社区经理的信任感，为下一步的网格工作打下良好基础。 在介绍的过程中，社区经理可以通过自我展示给社区留下好的印象： ① 积极主动发言或者提问。主动介绍自己的名字和身份，可以让社区关注新面孔。 ② 利用个人兴趣加深交流。在聊天过程中，提及个人的兴趣爱好会更容易和居民产生互动的话题，并有可能吸引更多和自己有相同兴趣的人，从而产生进一步的联系

续表

"人熟"：关系搭建	"老带新"的引荐方法可以让新人网格员快速接触居民圈子，但"面熟"并不等于"人熟"。要真正融入辖区居民中，新人社区经理可以通过以下方法来搭建自身的熟人网络。 1）拉近距离，增加互动频次 社区、社区居民对社区经理的认同感基于双方交流互动，主要体现在社区经理帮助社区解决日常性用电问题。在初入网格的时期，新人社区经理每周开展一次社区走访调查，除了倾听收集民意，还可以积极主动帮助社区解决急难愁盼问题并及时向社区反馈，这既是了解居民的过程，也是积累社交资本的过程。 2）连接资源，串联合作伙伴 社区中存在物业服务人员、居委干部、业委会成员、房东等"公共熟人"，他们与居民之间十分熟悉，因此新人社区经理若是想快速了解某一个小区或者某一栋楼的居民情况，这些"公共熟人"就是最好的媒介，他们拥有更多的信息渠道和来源。例如，社区经理在摸排出租屋时，只要掌握社区租户信息资源，就能精准找到每一位租客，比社区经理个人逐户上门排查的效率高很多。 3）搭建桥梁，关注特色群体 新人社区经理可多多关注社区内的文体团队和老年活动团体，例如，党群服务中心、老年活动室等。每个"兴趣圈""文化圈"都有一名带头人，多为支部书记或退役军人代表，他们负责组织活动、扩展队伍，而参与的人员多为社区内的常住人口，社区经理可通过"社区文化圈"搭建和社区的交流平台，进一步融入社区。 4）挖掘力量，扩大服务队伍 社区内不乏一批善于沟通、调解的热心居民，例如退休党员、自由职业者等。社区经理可通过平时的交往挖掘发展形成一支热心服务队伍，在入户慰问或者纠纷调解时，通过热心服务队的引荐能够达到事半功倍的效果

社区经理应主动、及时、高效了解社区服务信息，获取社区客户服务信息的有效途径如表4.4所示。

表4.4 获取途径及内容与特点

途径	内容与特点
公共媒体信息	包括政府网站、社区广告、报纸杂志等。这类信息的特点是容易获得，信息量较大，虽然筛选工作的效率较低，但仍然是我们获得信息资源的一个重要途径

续表

途径	内容与特点
客户信息	包括客户的完整家庭信息、用电信息、过往服务诉求。这类信息一般保密性强，不能公开。社区经理可通过走访方式获取相关信息，也可通过政府部门、公共事业单位获得相关信息
政府信息	政府部门通过白皮书、政府工作报告、政府发展规划等发布的社区治理重要服务信息
经济组织信息	① 城市经济开发区内的企业信息，如工业园区管委会的相关组织信息；② 各行业协会、俱乐部、社会团队的分类企业信息
城市的各种会议、活动信息	关注社区的各类活动、会议、市场推介会、促销会、培训等参与企业信息
专业信息组织	通过与专业信息调查公司合作，获取具有社区服务价值的信息
公共事业单位信息	公共事业单位（水、气、通信、暖）的社区服务信息
合作伙伴信息	从合作伙伴手中获取社区客户的服务信息，如物业、楼栋长等
社会关系信息	包括社会志愿服务组织、社会公益服务组织等
市场活动信息	包括社区经理和供电企业组织的社区活动、社区服务广告、各种形式的市场宣传

二、编制计划

基于社区客户画像、标签体系和社区服务平台的基础数据信息，系统自动生成走访计划（除政府部门、重点项目外），根据走访对象筛选规则，系统将在每月26日定时对走访对象进行筛选和抽取，并标注"待走访"标签（每月统计周期为上月26日至次月25日，该统计时间可根据业务需要进行调整）。以下为计划的制订方式：

（一）基于系统自动生成的计划

对于企业客户、低压客户、存量客户，系统按月平均随机抽取走访对象户号,并打上"待走访"标签,形成本月走访计划,新增客户纳入次月走访。

(二)基于社区情况自行制订的计划

对于社区专业部门、重点项目,系统内只打"待走访"标签,不制订走访计划,各社区经理根据实际情况,确定走访对象数量,明确负责人,制订可行的走访计划,报公司备案,由省公司管控总体进度。

(三)基于客户标签优先级选择的计划

针对同一客户存在多个标签的情况,设定标签级由高到低依次为政府类、重点类、企业客户类、家庭客户类,系统自动选择高优先级标签走访模板,例如,某一客户同时具备"重点项目"和"企业客户"标签,系统将自动根据标签优先级选择"重点项目"走访模板。

(四)基于95598工单关联的计划

对于"拨打95598""拨打12398"的客户标签,根据客服工单受理情况,取前一个月的数据进行标签标注[如4月26日对受理日期在3月26日至4月25日的客户打"待走访(拨打95598)"/"待走访(拨打12398)"标签,点击"拨打95598"/"拨打12398"标签可以关联打开客户诉求工单]。

三、联络走访

以组织管理、过程管理和信息管理为核心,对走访工作进行全链条闭环管理,配套相应的管理辅助工具,自上而下,自始至终确保走访工作取得良好成效。

（一）明确走访工作职责

表 4.5　走访方法及策略

主体	策略
领导小组	负责审定年度走访计划及活动总结； 负责定期听取各单位走访工作进展情况，了解社区经理工作情况，全面了解供电服务诉求及处置情况； 负责研究解决走访过程中存在的困难和问题，对工作开展情况进行督导检查
领导小组办公室	负责组织编制走访总体工作计划及总结； 负责按年度动态修订重点项目包保体系； 负责组织各单位开展走访工作，全过程管控工作进度和走访治理，并提出评估意见
社区工作推进组	负责落实领导小组决策部署，完成领导小组交办的各项工作，统筹协调走访活动落地实施； 负责组织本部门人员执行走访工作计划，对本部门的走访人员进行过程管控，对工作开展情况进行监督检查和评价； 负责组织相关专业部门开展会商，对热点、难点问题剖析根源，找准症结，研究解决措施； 负责组织专项问题协调会，与其他专业协同处理问题
社区经理	负责执行社区走访工作，完成社区工作推进组安排的工作任务； 负责制订所负责社区的年度、季度、月度、周走访计划，对走访工作进行记录、存档和复盘； 负责参与社区专项问题的协调讨论及处理； 负责对客户提出的问题进行现场处理，对无法现场处理的问题及时生成工单，上报至专业部门处置

（二）明确走访准备工作事项

表 4.6　走访准备工作方法及策略

项目	策略
片区分配	合理的片区分配有助于在预定时间内完成走访任务。一般按照交通路线、商户数量及分布、地理位置等因素进行合理的分配

续表

项目	策略
走访计划	社区走访前一定要明确走访的目的、主题、时间、对象、任务等
走访路线	客户走访前社区经理要与社区居委协商确认合理的走访路线，节省时间、提高效率，有效完成客户拜访工作
人员分工	若在同一区域因面积、客情关系等原因安排多人共同拜访时，要提前做好人员分工，如1人明访、1人暗访或者负责信息统计，其他人负责沟通、掌握信息等，做到有次序、有效率地开展工作
物品准备	社区走访前要根据不同的目的准备不同的走访物品，如名片、宣传单、二维码、笔、海报、客户信息调查表、体验卡、合同协议等。总体而言，以下物品是客户走访时所必不可少的。 ① 政策宣传资料。不仅有利于社区经理开展工作，也有利于客户对供电公司加深印象。② 热销产品介绍书及宣传视频。在走访过程中让客户对供电公司产品有深入了解，并通过发放宣传视频的方式让客户体验一下优质服务。③ 走访计划、走访记录表。有助于按照既定计划完成走访任务。④ 证件，包括名片、二维码、自己的身份证明和工作牌。在走访过程中，有时需要给客户展示相关证明，取得客户信任。⑤ 客户资料、客户档案。⑥ 移动作业终端
注意事项	社区走访前要对本社区所走访区域的走访情况、走访分布、是否有特殊政策等有一定的了解，以免在走访过程中造成不利于本社区后期工作的开展

（三）走访信息管理

表 4.7　走访信息管理的方法与策略

方法	策略
写好客户档案 建立客户关系	社区经理在写工作日志时，必须写清楚一天拜访客户的具体情况和情况分析。 客户档案必须写清楚客户的详细信息（如客户名字、楼栋、住址等），了解其家庭情况、用电情况
业务信息互通 内部高效流转	建立内部信息流转机制，按照首问负责制的处理要求，由问题的第一接收人社区经理对问题的处理过程进行跟踪，通过专项问题协调会、信息通报等形式进行内部的信息互通，确保信息的高效流转

续表

方法	策略
过程问题反馈提升客户感知	建立客户诉求处理情况外部反馈机制，针对客户的诉求，指派专人对客户诉求的处理进度、处理内容、存在问题等内容进行反馈，保持对客户问题的关注，提升客户对诉求处理过程的感知，与客户建立起良好的沟通关系。 在反馈频率上，对于即查即改的问题，24小时内向客户反馈处理结果；对于短期解决的问题，按工作节点向客户反馈处理进度；对于需长期解决的问题，每月向客户反馈处理进度，直至诉求得到妥善处理
利用抽查回访核实走访成效	阶段性地对走访记录进行随机抽查，按照一定的比例复核走访记录，结合客户回访信息，核实走访结果，针对复核情况提出整改、考核、奖惩意见，确保走访工作的有效实施
阶段总结工作树立走访典型	以会议的形式开展阶段性总结工作，形成走访成果汇编、典型经验等，开展典型社区经理表彰活动，总结会议按季度或年度召开

四、搜信建档

（一）搜集信息的沟通技巧

与客户沟通和搜集客户信息时要注意询问、倾听、复述三个环节的沟通技巧。

1. 社区经理询问客户的技巧

询问有两种方式：开放式询问和封闭式询问。

开放式询问是指让服务对象充分地阐述自己的意见、看法及陈述某些事实现况。例如，"您目前的住家条件如何？""您企业的核心业务是什么？""您对当前的电力服务有哪些意见或建议？"开放式询问的目的有两个：一是获取信息；二是客户表达他的看法、想法。

封闭式询问是指让客户针对某个主题明确回答"是"或"否"，或者是准确的数值。例如，"您是否认为您所在的社区属于旅游文化型社区？""您所在的社区是否建立了微信群？""您的企业是否属于危险型化工产业？"。封闭式询问的目的主要有两个：一是获得客户的确认；二是引导客户进入你要谈论的主题，这样既能缩小主题的范围，也能确定优先顺序。

2. 社区经理倾听客户的技巧

倾听要遵循一定的原则，并把握其中的注意事项。

倾听的三大原则如下。一是站在对方的立场聆听。每个人都有自己的立场及价值观，因此，社区经理必须站在对方的立场，倾听客户所说的每一句话，不要用自己的价值观去指责或评判对方的想法，要理解对方的态度。二是要确认自己所理解的就是对方所讲的。社区经理必须有重点地复述对方讲过的内容，以确认自己所理解的和对方要表达的一致，如"您刚才所讲的意思是不是……"。三是要表现出诚恳、专注的态度倾听对方的话语。社区经理倾听客户谈话时，最常出现的问题是只摆出倾听客户谈话的样子，内心却迫不及待地等待机会，想要讲出自己的话，完全将倾听这个拉近与客户的关系的重要手段舍弃不用。如果社区经理听不出客户的意图和期望，那么他的服务就如同失去方向的箭，无法真正打动客户。

倾听的五个注意事项：

①培养倾听的技巧；

②让客户把话说完，并记住重点；

③秉持客观、包容的态度；

④对客户所说的话不要表现出防伪的态度；

⑤掌握客户的真实想法。

3. 社区经理复述的技巧

复述有复述事实和复述情感两个方面。

复述事实的目的就是彻底地分清责任。社区经理先向客户确认自己所听到的是否正确，如果客户确认正确，那么当出现问题时责任就十分明晰。复述事实的好处在于分清责任、提醒、体现职业素质。

复述情感就是对客户的观点不断地给予认可，比如，"您说的有道理""我理解您的心情""我知道您很着急"等等，这些都叫作情感的复述。在复述过程中，复述情感的技巧是最为重要的，使用时也是非常复杂的。

（二）社区档案管理规范

1. 制定统一的分类标准

制定统一的档案分类标准，确保分类清晰、一致，便于管理和查找。基础信息可以按基本信息、用电需求、政策宣传、反馈与诉求、特殊群体等类别分类。通过分层分类（如大类、中类、小类）进行更精细的管理，并为每一类档案设置唯一的编码，方便记录和检索，提高档案的管理效率。

2. 采用数字化的管理系统

采用数字化的档案管理系统，提高管理效率和准确性。利用电子档案系统录入、存储和管理所有档案，通过数据库技术分类存储档案信息，方便快速检索和更新。同时，利用云存储技术确保档案数据安全可靠，便于随时访问和备份，提高档案管理的便捷性和安全性。

3. 建立定期的审核机制

建立定期的档案审核和更新机制，确保档案信息的准确性和完整性。定期检查档案，确保信息真实可靠，及时更新档案内容，记录最新的居民信息、政策变化、服务记录等。这不仅保证了档案的时效性，还能提高服务的精准度和效率。

4. 设置便捷的标签系统

设置便捷的标签和索引系统，便于多维度检索和快速查找档案。为每份档案设置多个标签（如"电力故障""政策宣传""特殊需求"），方便按需查找和分类管理。建立档案索引表，列出所有档案的分类、编码和存储位置，提供快速查询路径，提升档案管理的便利性。

5. 针对特殊群体设立档案

针对特殊群体设立专门档案，提供个性化的管理和服务。老弱客户的档案应详细记录其基本信息和服务记录，确保提供个性化服务。贫困家庭的档案应记录帮扶措施和服务效果，确保精准帮扶。通过专门档案的管理，确保特殊群体得到及时、有效的服务。

6. 记录客户的反馈需求

详细记录客户的反馈和需求，确保及时响应和处理。设置专门的意见簿或电子反馈表，记录居民的意见和诉求。对每个反馈的处理过程和结果进行跟进记录，确保居民的问题得到及时解决。通过详细记录和及时处理客户反馈，提高居民对供电服务的满意度。

7. 确保信息的保密安全

确保档案信息的保密和安全，防止信息泄露。设置档案访问权限，确保只有授权人员可以访问敏感信息。对电子档案进行加密存储，防止信息泄露。定期备份档案数据，防止数据丢失。通过严格的信息保密和安全措施，确保档案信息的安全性和保密性。

8. 进行档案管理培训

制订培训计划，定期组织档案管理培训，提高工作人员的档案管理技能和水平。编写档案管理操作手册，详细说明档案分类、录入、检索、更新等操作流程，提供指导和参考。通过培训和指导，确保档案管理工作规范、有序。

（三）应用数字手段建档

某平台建档具体操作流程如表 4.8 所示。

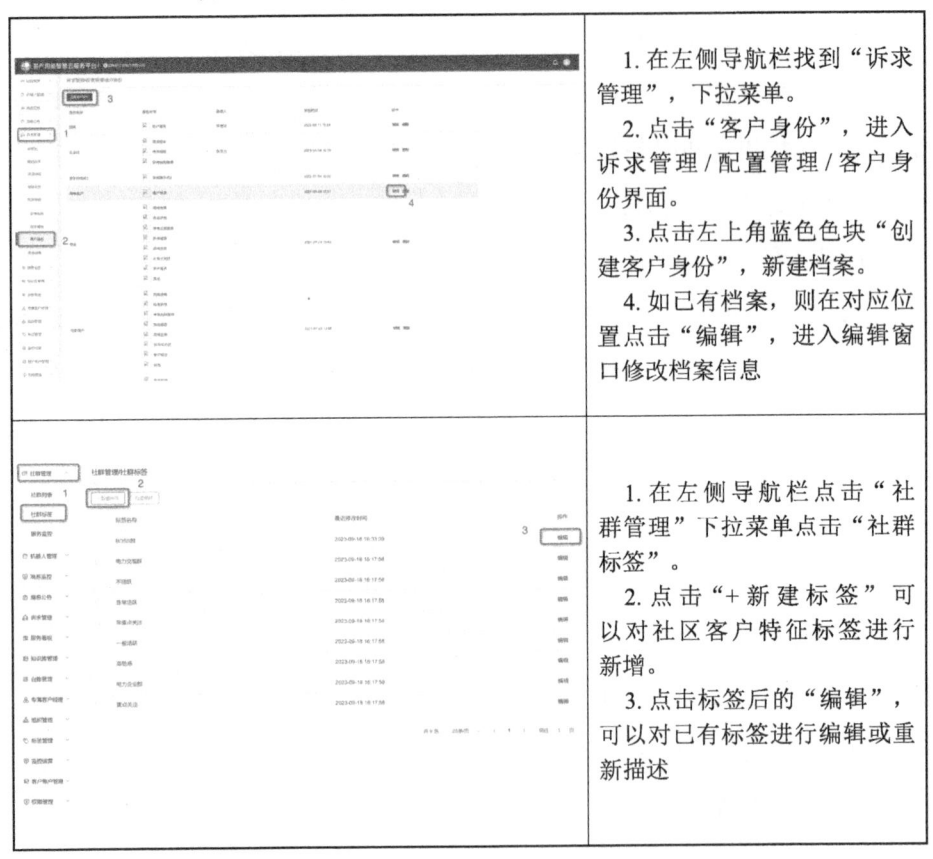

表 4.8　建立社区档案（某平台操作界面及步骤）

界面	步骤
	1. 在左侧导航栏找到"诉求管理"，下拉菜单。 2. 点击"客户身份"，进入诉求管理/配置管理/客户身份界面。 3. 点击左上角蓝色色块"创建客户身份"，新建档案。 4. 如已有档案，则在对应位置点击"编辑"，进入编辑窗口修改档案信息
	1. 在左侧导航栏点击"社群管理"下拉菜单点击"社群标签"。 2. 点击"+新建标签"可以对社区客户特征标签进行新增。 3. 点击标签后的"编辑"，可以对已有标签进行编辑或重新描述

五、信息告知

以明确信息告知要求、告知方式、告知途径实现信息告知的服务时效、服务质量。

（一）明确信息告知要求（见表 4.9）

表 4.9　信息告知的要求与告知内容

要求		内容
工作要求	信息分析	建立社区客户信息分析制度，由营销服务专业部门定期调查分析，写出分析报告
	账单服务	社区经理应每月通过电子渠道向客户推送一次电能能效账单
		社区经理应至少在交费截止日前 5 天向客户提供订阅的电费信息
	客户咨询	1）当客户咨询有关问题时，应专注聆听客户讲话，准确、迅速地分析客户的需求，针对具体的业务办理流程和手续，对客户进行通俗易懂的讲解和说明，在解答问题过程中，做到真诚、耐心和准确。 2）当时无法答复的咨询，应说明情况，请客户谅解，并做好记录，留下联系电话，告知客户答复的具体时间。 3）咨询、查询过程中，遇到其他客户咨询时，应向正在咨询的客户表示歉意，请其稍候
时限要求	业务办理时限	社区居民客户电费代收代缴业务办理一般每件不超过 5 分钟，用电业务办理时间一般每件不超过 20 分钟
	业务交接时限	客户办理用电业务时所提供的相关资料，客户受电工程设计图纸、报验申请等，应在当天传递至责任单位；接到责任单位传递的供电方案、客户受电工程审核意见单、供用电合同等，应在当天通知客户领取
	投诉、举报、建议答复时限	国家电网公司《供电服务标准》中对投诉、举报、建议答复时限要求为：客户投诉的答复时间不超过 5 个工作日，客户举报、建议、意见业务的答复时间不超过 10 个工作日；受理客户查询、咨询时，能当即答复客户时当即答复客户，不能当即答复时，生成工单并传递至责任单位，关注工单处理进度，并在 5 个工作日内答复客户

（二）明确信息告知方式（见表 4.10）

表 4.10　信息告知的方法及策略

方法	策略
资讯发送	社区经理根据所负责的社区和辖区服务信息，收集整合当天的社区服务新闻、社区服务资讯，通过社区服务平台推送、社区宣传公屏展示等方式传播服务资讯
经验分享	通过班前会、走访会议、工作例会、专业问题研讨会等方式，组织开展政策、业务、产品、案例的学习交流和经验分享
培训课堂	针对新型政策、业务、产品，组织社区培训学习活动，通过知识学习、情景演练、现场体验等方式有效传播新知识、新政策
沙龙活动	针对园区客户，组织企业沙龙、企业峰会等方式交流企业用电政策、案例、特色产品和套餐
制度宣导	针对政府、公共事业单位、社区公益组织等合作伙伴，组织开展供电服务制度宣导

（三）明确信息告知途径（见表 4.11）

表 4.11　信息告知的途径及策略

途径	策略
电子邮件	通过电子邮件群发，可以与所有客户保持比较亲密的联系，如发送用能提醒、节日问候、政策宣传等。通过电子邮件与客户保持联系是常用的跟进方式，在使用时要注意以下几点。 （1）选择简讯内容。简讯的内容很重要，最好是对客户有价值的信息，否则销售人员的邮件就成了垃圾邮件，反而损害客户关系。 （2）简讯制作要专业、醒目，能够吸引客户阅读。 （3）要体现个性化。电子邮件群发要体现个性化，要让每个收到电子邮件的客户都认为这封邮件是发给他个人的
微信	微信是目前大众接受度较高的联络方式，同时社区经理具备企业微信、社区微信群等联络基础。通过微信与客户联络可以选择更加丰富的宣传载体，如海报、短视频、H5 等

续表

途径	策略
短信	短信联系也是一种比较典型的与客户保持长期接触的方法。在使用微信时有一点需要注意，尽量避免发送过于冗长的信息，信息要简短、明确，如停电通知、电费账单寄送等
邮寄礼品	当节日来临的时候，在条件允许的情况下，可以给客户邮寄一些实用的礼品，这是实施情感营销的有效手段。小小的礼品不一定昂贵，却能够使客户感受到关心，也能拉近与客户之间的距离
客户联谊	现在不少企业为了更好地为客户服务，都成立了自己的大客户俱乐部，定期举办各种主题的客户联谊活动，以进一步增强客户关系
社区大屏	如果社区内有广告屏，可以与社区居委或管委协商合理利用，投放电力相关的安全用电指南，宣传新型电力政策等。可以根据屏幕大小合理设置分区，还可以在宣传电力业务的同时投放社区经理微信二维码
账单附录	电费账单是客户较为关注，也愿意接受的信息传递载体，社区经理可以充分利用定期发送电费账单这一机会与客户保持联系，可以在账单后留言或增加附录，不会让客户反感，而会让客户觉得服务专业

六、业务办理

（一）明确协同服务专业（见表 4.12）

服务客体指为客户提供电力服务的电力企业职工。按服务功能，服务客体可分为客户代表以及业扩报装、抄核收、电能计量、用电检查、需求侧管理、咨询服务、电力紧急服务等岗位工作人员。社区经理在开展社区服务过程中，需要内部各专业职能工作人员的支撑，因此明确协同服务客体是做好对外服务的关键基础。

表 4.12 协同专业及协同事项

协同专业	协同事项
业扩报装人员	社区经理需要与业扩报装人员密切配合，及时提供社区居民的用电需求信息，确保业务受理和施工过程顺利进行，以及供电工程按计划完成

续表

协同专业	协同事项
抄核收人员	社区经理需要与抄核收人员保持密切联系，及时了解用户的用电情况和电费缴纳情况，协助解决用户的费用问题和投诉
电能计量人员	社区经理需要与电能计量人员协调工作，确保计量装置的正常运行，及时获取用户的用电数据，以便进行用电情况分析和优化
用电检查人员	社区经理需要与用电检查人员配合，及时发现和解决社区居民的用电隐患和安全问题，提升社区居民的用电安全意识
需求侧管理人员	社区经理需要与需求侧管理人员共同制定激励政策，引导社区居民合理使用电力资源，推动能源节约和环保工作

（二）明确基本工作要求（见表4.13）

表4.13 服务基本工作内容及注意事项

服务事项	工作内容及注意事项	话术示例
礼貌问候	在服务客户前要礼貌问候。 亮明身份，并递上工作证件请客户确认。 表明来意，避免让客户感到惶恐和紧张。	"您好，我是本社区的电力社区经理，我叫××，本次拜访是因为通过社区了解到您有用电诉求，特来了解情况，请问您是否方便？"
确定诉求	面带微笑，主动询问客户需求。 仔细倾听客户需求，复述客户需求进行确认。 如未能清晰理解客户需求，应礼貌请求客户重述并致谢。 忌随意打断客户讲话。	"您好，请问您需要办理什么业务？" "您是需要办理××业务，对吗？"
业务处理	如客户资料欠缺，应将"用户申请缺件通知书"提交给客户，待补充完善所有资料后再予办理； 面带微笑，双手递接资料（票据）； 仔细核实客户信息及资料，认真审查表单（票据）； 仔细倾听，不随意打断客户讲话； 避免因服务态度、服务质量、工作质量引起的客户投诉。	"请稍等，正在帮您审核材料。" "很抱歉，您还需要提供一下资料才能办理这项业务。感谢您的配合。" "请您确认业务办理信息，并在这里签字确认。" "您好，这是我们最新的业务宣传资料，您可以了解一下。"

（三）规范典型业务场景

1. 业务受理与跟踪

① 规范操作流程：遵循标准的业务受理流程，确保每一项业务都按照规定程序进行受理和处理。

② 及时反馈与跟踪：在受理业务后，立即向客户反馈受理情况，并建立跟踪机制，确保业务能够在规定时间内得到解决。

2. 现场办理工作形式

① 主动介绍服务：在走访社区时，主动向客户介绍可以提供的服务，引导客户了解社区经理的业务范围和受理流程。

② 信息公开透明：在现场办理业务时，出示有效证件并清楚地表明业务受理的流程和方式，保证客户了解并信任办理过程。

3. 远程代办工作形式

① 委托代办服务：与客户沟通后，明确委托代办的服务内容，签署委托协议，并及时向客户反馈代办进展。

② 操作技巧指导：在远程协助办理业务时，耐心指导客户操作，提供专业技术支持，确保业务顺利完成。

4. 复杂业务收资管控

① 准确收集资料：在现场勘查时，认真核实客户提供的资料，确保信息准确完整，避免业务办理中的误差和延误。

② 紧密协作联动：与相关工作人员紧密协作，及时将客户需求和办理进展反馈给相关部门，保持业务办理的高效协同。

5. 客户沟通与服务

① 个性化服务定制：针对不同客户的需求，提供个性化的服务方案，以确保每位客户都能得到好的服务体验。

② 有效沟通技巧：倾听客户诉求，善用积极的语言，有效沟通解决问题，建立良好的客户关系和口碑。

七、社区共建

（一）明确社区共建服务准则

社区经理融入政府网格服务体系，协同政府网格员或在微信群内开展用电服务工作时，应做到以下八项：

1. 坚持"客户至上"

严禁推诿、拒绝诉求：无论在何种情况下，都不能以任何理由推诿或搪塞客户的合理用电诉求，必须积极解决问题，确保客户的权益得到保障和满足。社区经理应该以积极主动的态度对待客户的诉求，倾听并理解客户的需求，尽最大努力为客户提供满意的解决方案。在面对复杂情况时，应及时向上级领导或相关部门寻求支持和协助，但不得因此拖延或推卸责任。

2. 落实"一件事一次办"

严禁擅自增加环节：办理业务时必须严格按照规定的流程进行，不得擅自增加或减少办理环节，确保业务办理的规范和高效。社区经理在处理业务时应准确理解业务流程和规定，避免随意增加办理步骤，以免增加客户等待时间和办理难度。若发现业务流程存在不合理或烦琐之处，应及时向上级反馈并提出改进建议，但在办理过程中不得擅自改变已有的办理流程。

3. 实施"首问负责"

严禁延误受理诉求：对于属地网格服务渠道受理的用电诉求，必须严格执行"首问负责"制度，确保诉求能够及时受理并得到解决，不得延误或推诿处理。社区经理应当积极主动地处理客户的诉求和问题，不得因为个人原因或其他因素而拖延或推脱责任。在处理诉求时，应充分调动资源，合理安排时间，确保每个诉求都能够及时有效地得到解决。

4. 保持服务廉洁高效

严禁触碰"小微权力"负面问题：服务过程中，必须保持廉洁高效，严禁利用职权谋取私利，不得触碰"小微权力"负面清单红线，确保服务公正透明。社区经理应当遵守职业道德和职业操守，不得利用职权谋取私利或对客户提出不当要求。在处理业务时，应严格按照规定流程进行，不得擅自利用职权或滥用权力，确保服务廉洁高效。

5. 规范微信群管理

严禁随意设置昵称头像：在微信群内，必须规范设置昵称和头像，严禁使用与工作无关或不当的字眼和图片，确保形象端正、专业。社区经理在微信群管理中应当严格遵守相关规定和要求，不得随意设置昵称和头像，以免造成误解或不良影响。同时，应当注意言谈举止，不得发表不当言论或图片，确保微信群内的信息秩序和工作氛围良好。

6. 遵守公司服务礼仪规范

严禁不文明语言和争吵：在与客户沟通和服务过程中，必须遵守公司的服务礼仪规范，严禁使用不文明语言或与客户发生争吵，保持良好的服务态度和形象。社区经理在处理客户问题和诉求时，应当保持耐心和礼貌，不得因个人情绪或客户态度而发生争执。在遇到问题或困难时，应冷静处理，寻求解决方案，确保服务过程顺利进行。

7. 保护信息安全

严守信息保密规定：必须严格遵守公司和客户信息保密规定，不得在微信群内发送客户个人信息或涉及公司机密的文件，保护信息安全。社区经理在处理客户问题和诉求时，应当注意保护客户的个人信息和隐私，不得将客户的个人信息泄露给其他人员或单位。同时，对于涉及公司机密的文件或信息，应当妥善保管，不得随意传播或泄露，确保信息安全和公司利益。

8. 遵守群规约

严禁发布无关内容：在网格微信群内，必须遵守群规约，严禁发布和讨论与工作无关的内容，确保群内信息的纯净和工作的高效。社区经理在微信群内发言时应当注意内容的相关性和适当性，不得发布与工作无关的信息，以免影响工作秩序和工作效率。同时，应当尊重群内其他成员，不得发表不当言论或攻击他人，确保群内和谐友好的氛围。

（二）了解社区共建典型场景

1. 社区用电安全隐患治理场景

社区经理主动加强网格内用电安全隐患巡视消缺，积极开展安全用电宣传，提升电网和社区用电设备安全运行水平；同时鼓励社区或政府网格员主动关注网格用电安全隐患，遇有问题及时向网格经理反映。对网格内供电公司产权危及电网运行安全、人身安全紧急隐患，按照故障抢修时限要求到达现场并规范处置；对于私拉乱接、线路老化破损、三线搭挂、供电设备不合理等非紧急隐患，应在1个工作日内到达现场查看，并视情况限时处理；对于客户、第三方产权电力安全隐患，建议客户联系产权单位、物业或有资质的施工单位处理，并提供必要的专业协助。隐患处置过程中如需其他单位、行业配合时，应联系政府网格员到场协调处置；遇客户反映强烈、存在诉求升级风险情况，应联系政府网格员现场做好客户安抚工作。

2. 化解涉电矛盾、突发事件应急处置场景

对供电问题引起的家电损坏赔偿、计量接线错误等引发的涉电纠纷，客户反映强烈、存在诉求升级风险时，应及时联系政府网格员介入进行矛盾调解。发生整个台区故障停电、网格内客户群体不满等突发事件，及时联合政府网格员按照统一口径向受影响客户发布有关信息，消除客户焦虑，防止事态升级。

3. 协助政府网格治理场景

充分研判工作的性质和风险，在严格遵守营销作业安全规程和合规管理要求的前提下协助开展工作。在存在潜在风险或无法判断时，应及时向上级汇报，在上级指导下开展工作。

(三) 开展社区共建工作评价

基于《政企网格"共建共治共享"融合服务工作指引（试行）》通知的要求，聚焦于社区服务质效、总体服务质效、业务管理质效三个维度，评价政企网格"三共"融合工作开展后，从网格到社区，再到整个单位的供电服务提升效果（见表4.14）。

表 4.14 评价维度及内容

社区服务质效	聚焦于社区内客户反映诉求渠道变化趋势，即统计时段内，社区客户通过95598、12398等渠道反映的用电意见、故障报修和服务申请等诉求问题数量与社区内客户数量比值同比变化情况，重点评价渠道共建工作的效果
	聚焦于网格内业务处理满意率，即统计时段内，客户对网格经理处理95598工单服务评价满意、非常满意的数量占参与评价数量的比值同比变化情况，重点评价诉求共治工作的效果
总体服务质效	聚焦于统计周期内供电服务的服务合规率，即网格内12398投诉数、95598投诉数、其他渠道收集的投诉数、营销服务舆情数与客户数的比值变化情况，折射出政企网格"三共"融合对服务总体质效提升发挥的作用
业务管理质效	聚焦于网格内客户档案质量，即统计时段内，网格客户名称异常、联系人手机号码不规范、身份证号码不规范、用电地址不规范的客户数和通过95598、网上国网渠道反映的联系方式错误、短信错发问题数量与网格内客户数量比值的同比变化情况，重点评价资源共享工作成效
	聚焦于"四进送服务"走访开展质量，即统计时段内，网格经理完成走访的客户数量与公司下达的走访任务数量比例，重点评价"进网格"客户走访情况

八、涉电支持

（一）明确涉电矛盾调解技巧

在实际工作场景中，会遇到各种冲突、矛盾，例如供电公司内部矛盾、供电公司与客户之间的矛盾、供电公司与社区的矛盾以及客户之间的矛盾等。本小节重点解读在遇到各类涉电矛盾时，社区经理应如何有效化解。

1. 矛盾调解的关键点（见表4.15）

表4.15　矛盾调解的关键点

关键点	具体内涵
了解双方立场	在调解过程中，首先要了解双方的立场、需求和利益。了解他们的关注点和诉求可以更好地寻求解决方案
中立性	作为调解者，必须保持中立。不偏不倚地处理双方的争议，确保不偏袒任何一方，以维护调解的公正性和客观性
沟通技巧	良好的沟通是成功调解的关键。倾听双方的观点，引导他们进行理性和有效的交流，避免情绪化的言语或行为
寻求共识	努力寻求双方可以接受的共同解决方案。鼓励双方进行妥协和让步，以达成双赢的结果
专业知识	在调解过程中要保持专业，可以用专业标准进行解答调解的，避免用模糊不清的言语，以专业知识更好地理解矛盾点，并给出最具可行性的解决方案
建立信任	通过诚实、透明和可靠的行为建立起与双方的信任关系，这有助于促成合作和共同解决问题
记录和跟进	在调解过程中及时记录重要信息和达成的协议，确保双方都清楚了解到达成的解决方案，并跟进执行情况

2. 矛盾调解的常规方法（见表4.16）

表4.16　矛盾调解的常规方法

方法	内涵
"面对面"与"背靠背"相结合调解法	有的矛盾纠纷争议的不是重大的利益，而是为了争面子、赌气，对于此类纠纷，调解人员就可以先用"背靠背"调解法。调解人员分别做当事人的工作，待双方当事人的情绪稳定，意见接近时，再把当事人叫到一起"面对面"地做工作。促使双方当事人相互谦让、心平气和地进行协商，使纠纷得到圆满解决，从而避免情绪对立和吵闹等矛盾激化的情况发生，提高调解的成功率

续表

方法	内涵
借用外力调解法	一是邻里调解。在社会生活中，人们都是聚群而居的，邻里关系密切而又重要，一家有事，四邻相助，所谓"远亲不如近邻"。因此，遇到矛盾纠纷时，可有选择性请邻里人员帮助进行调解，规劝双方当事人以团结为重，做出谅解与让步。因为是邻居，平时又都很了解，这种调解往往能起到事半功倍的效果
	二是友情调解。友情调解是指当事人发生纠纷时，调解人员可根据情况请一方或双方当事人的好友予以劝导、疏通及说服教育，使争议的双方当事人化干戈为玉帛
	三是联合调解。民间纠纷的情况复杂，牵扯人多，涉及面广，仅靠一个部门调解往往力不从心，效果不佳，在这种情况下，应邀请相关部门的工作人员到场分头做工作，能够收到很好的效果
褒扬激励调解法	民间纠纷处理方法很重要，说话要讲究方式，语言要讲究艺术，不能单刀直入，要深入浅出，和风细雨。在实际调解中，对当事人的优点和长处及时表扬鼓励，就是一种有效的方法。通过表扬鼓励，寻找共同语言，缩短当事人之间的距离，调动他们的积极性，激活他们的自信心和正面的兴奋情绪，从而使调解成功率得到提高
排忧解难调解法	有些矛盾纠纷发生是因为当事人在生产生活中确实存在一定实际困难，对于这类纠纷，调解人员要通过深入细致调查，找出症结所在，切实帮助其解决困难。困难解决了，矛盾纠纷也就化解了
迂回调解法	在矛盾纠纷调解中，调解人员要针对当事人的个性特点，因人因事采取不同的方法进行化解。对那些说话尖刻、刺耳难听的当事人，调解员不能感情用事，以怒制怒，说绝话，讲狠话，而是让他们把心里话讲出来，把心里的积怨发出来，然后以静制动，以柔克刚，从而达到调解效果
真情打动调解法	矛盾双方往往为一些鸡毛蒜皮的小事发生争执，事情本来并不大，为争一口气，互不相让，僵持不下。还有些矛盾双方当事人都想得到解决，但难以启齿。对于这种纠纷，调解人员要以情感人，采取对话调解、互谅调解等方式。实践证明，这是调解家庭矛盾的最好方法

3.矛盾调解的技巧

① 预防为主，预防与解决问题相结合。有水平的管理者应该有战略眼光，善于分析和推测未来，对可能发生问题和矛盾的环节，采取先期的预防措施，尽可能避免，或者准备好补救措施。

②把问题消灭在萌芽状态。有的问题，一旦出现苗头，就应该及时解决，防止问题恶化，最大限度减少损失。

③最有效的协调方式应该从根本因素入手。既要治标更要治本，防止不断引发不同的问题或是重复出现同一问题，例如组织设计、管理体制、管理制度、员工素质等原因引起的问题。

④善于弹钢琴、抓关键。细小烦琐的事情可以不必去理会，或是交给下级解决，自己集中精力抓大事，解决重大问题。一般以下问题应引起足够重视：影响全局的问题、危害重大的问题、后果严重的问题、单位中代表性的典型问题、根源性的问题、群众意见大的问题等。

⑤协调工作体现一个领导的工作水平，因此要创造性地开拓新方法，要有魄力。

⑥不能忽略职工素质的提高和信息交流。

（二）落实涉电便民服务规范

对于为企业提供电力便民服务，社区线路改造、充电桩报装、批量新装等"共性的、批量的"业务办理需求，社区经理可以提供批量办理的便民服务，本小节以"批量新装"为业务服务场景案例进行规范解读。

批量新装主要适用于新建居民小区（写字楼），包括小区（写字楼）内所有低压居民、低压非居客户新装业务。批量新装主要有两种模式：

①"集中装表、分户接电"模式。在新小区交付前，有的房产公司以房产公司名称统一开户办理了用电申请手续，供电公司集中完成装表与采集系统建设，随后利用采集系统远程控制对小区居民所有表计实施停电。待客户办理实名制装表接电申请手续后，在规定时间内恢复供电。

②非"集中装表、分户接电"模式。在新小区开盘销售后，房产公司受购房业主的委托，携带购房合同、业主身份证复印件等资料，对已售房屋以购房业主名称统一代为办理用电申请手续。

表4.17 业务受理各步骤的内容及注意事项

作业步骤	作业内容	注意事项
确认客户信息	接受客户申请，了解业务需求，审核申请资料	（1）对资料不齐全的，采取"一证受理"，签署承诺书、使用"用电业务办理告知书（批量新装）"，由客户在后续环节补充完善。 （2）新小区开盘销售后，业主本人或其委托人携带有效身份证明、房屋产权合法证明等资料，自行办理用电申请手续的，业务规范与低压居民新装业务规范相同
指导填写工作表单	指导客户填写"低压批量用电登记表""低压批量用电清单"，双方签字盖章后，一份交给客户，一份归档	（1）实名制开户。其中："集中装表、分户接电"模式可以房产公司名称开户，非"集中装表、分户接电"模式应以购房业主实名开户。 （2）基础信息真实。非"集中装表、分户接电"模式开户的，联系人、联系方式等基础信息应与购房业主真实信息一致
实时录入业务系统	在营销系统发起低压批量新装流程，读取经办人身份证信息，并完成基本信息录入	（1）对房产商提供身份证申请的，直接通过身份证信息读取器录入系统；对于其他身份证明或不能读取的，将原件通过拍照扫描录入系统。 （2）与客户（开发商）核对开户清单，做到不遗漏、无差错。 （3）用电地址应明确到"幢""单元"和"门牌号"。 （4）在非"集中装表、分户接电"模式下，用电户名不应超过四个字，超过四个字应申报白名单。 （5）在"集中装表，分户接电"模式下，须在"停电标识"页面勾选所有客户的停电标志维护成"是"，流程归档后会发起无欠费停电流程
资料电子化	将客户提交资料、工作表单实时拍照上传档案系统	原件拍照、扫描录入档案系统后，不再需要另行复印存档
履行一次性告知	交代后续业务办理相关事项	（1）"集中装表、分户接电"模式：应主动告知业务完成后电表将暂不通电，单户开通需向供电企业申请办理过户手续，提供客户身份证明、产权证明等相关资料。 （2）非"集中装表、分户接电"模式：向客户推广和宣传非现金交费方式，告知客户办理批扣业务，并按时交费

续表

作业步骤	作业内容	注意事项
业务流程发送	将业务流程发送至下一环节	在"集中装表、分户接电"模式下,客户办理实名制装表接电申请手续时,按"过户"业务规范进行

九、安全服务

社区经理在日常的服务走访过程中,需要开展社区用电安全检查,保障社区正常供用电秩序和公共安全。

(一)安全现场巡查

社区经理在走访社区时需要主动排查设备及用电情况,找出潜在的电力安全隐患,并采取有效措施进行整改。在具体的实践过程中,社区经理可以按照"发现、记录、劝导、整改"四个步骤进行。

"发现"包括但不限于配电箱损坏、电表异常、电线破皮外露、私拉电线以及电动车在楼内充电等情况。在发现这些问题后,要立即进行"记录",为后续的整改工作提供依据。

图 4.1 私拉电线　　　　图 4.2 电线破皮外露

社区经理在发现和记录的基础上，对存在安全隐患的现象进行"现场劝导"。积极与用户进行沟通，告知他们问题的严重性，并建议他们尽快整改。在此过程中，社区经理应保持耐心和礼貌，让居民充分认识到电力安全的重要性。

在走访结束后的服务受理阶段，社区经理要尽快进行"整改"工作的联络对接，联系供电公司相关职能部门、社区居委、物业公司等，确保隐患得到及时整改。在此过程中，社区经理要确保整改工作的质量和进度，确保社区居民的用电安全。

（二）安全宣传培训

社区经理在走访社区时需要主动记录安全隐患存在较多、安全意识较为淡薄、电工操作不规范的社区，与社区居委协商开展安全宣传培训工作。

针对走访过程中收集的安全培训需求，依托公司团队，协调开展相关培训工作，加大用电安全常识、电力法规的宣传力度，提升公共用电安全法治意识。

为社区居民发放相关安全宣传手册、宣传折页，播放宣传 PPT，为用户提供安全用电提醒及安全用电知识科普。

（三）安全隐患治理

社区经理在走访过程中加强客户安全隐患认知，通过典型画面讲解，增强社区居民对用电隐患的发现能力，鼓励社区居民留心身边安全隐患。

同时，社区经理及时将安全隐患反馈至隐患整改责任方，提醒相关人员进行隐患消缺，协调运维部门或提醒社区物业进行整改。同时，对隐患信息进行研判，遇到重大隐患或紧急处理事项，持续跟踪后续隐患治理情况，直至隐患处理完毕。

社区经理对已办结的隐患排查消缺监督闭环，将排查消缺结果及时反馈给相关方。

若用户发生用电事故，应当按照法律法规向地方政府有关部门报告，应当协助有关部门开展调查。若发生"人身触电死亡、电力系统停电、专线跳闸或全厂停电、电气火灾、重要或大型电气设备损坏、停电期间向电力系统倒送电"等事故，还应当同时告知专业部门，协同处理相关情况。

（四）明确安全用电检查纪律

① 用电检查人员应认真履行用电检查职责，执行用电检查任务时，应按"用电检查工作单"规定项目和内容进行检查。

② 用电检查人员在执行用电检查任务时，应遵守客户保密规定，不得在检查现场替代客户进行电工作业。

③ 用电检查人员必须遵纪守法，廉洁奉公，若玩忽职守，徇私舞弊，勒索用户，以电谋私，构成犯罪的，依法追究刑事责任；尚不构成犯罪的，依法给予行政处分。

十、社区关怀

（一）了解社区关怀活动开展形式

关怀活动的主要形式有路演、主题活动、第二课堂。

1. 路演

路演是指通过产品展示、现场咨询、礼品派送、文艺表演等现场活动，与客户面对面交流来宣传新型电力产品或服务（见表4.18和表4.19）。

表4.18 路演的地点、对象、方法和效果

地点	可以选择居民小区内、工业园园区内、街道转角或大型商场
对象	社区内所有客户

续表

方法	表演吸引、产品宣传、礼品派发、现场抽奖等
效果	广泛宣传新产品、新服务、新政策,深度挖掘客户需求

表 4.19　路演的常见形式

摆摊设点	目的	进行产品或政策的宣传和推荐
	形式	强化现场的氛围营造,如利用横幅、帐篷。主推产品在内容设置上要醒目。客户难填信息,以发放单页为主
现场抽奖	目的	获取客户信息,宣传和产品预约
	形式	在人流比较集中的地方开展,聚集人气。 现场抽奖分为两种。一是游园类的活动,目的是获客、宣传产品、推广品牌。游园活动以现场开展游戏的方式,聚集小区内的客户全员参与活动。注重活动的趣味性(以小游戏为主,目的是人人都可以参与进来)和奖品设置。在游园活动中设置一些简单的事项,如填问卷、参与抽奖、产品预约等。二是社区放映电影,或采用公益、义诊等形式

2. 主题活动

主题活动是指以一个主题的方式召集有同一兴趣爱好的客户到现场来参与的活动,通过与客户面对面交流来宣传推广电力的产品或服务(表 4.20)。

表 4.20　主题活动的关键点、方法和目的

关键点	要根据客户需求来进行设计与策划
方式	自己开展的独立主题活动和与第三方联合开展的主题活动
目的	关怀客户、情感维护、服务提升

联合开展主题活动的基本流程如下:

① 策划好主题活动后,寻找相对应的社区管理人员、公共事业伙伴、合作商家等;

② 针对策划主题,开展客户邀约;

③ 在活动前,与联办方沟通预留产品宣传或服务调查的时间和环节,并询问是否有宣传和推广的环节需要协助;

④ 在活动后，加强联络，加强回访。

3. 第二课堂

由电力企业组织专家或根据客户兴趣爱好开展的第二课堂。第二课堂的对象和主题可以多种多样，但需要注意的是，组织开展第二课堂最好有一定连贯性，忌主题松散。

例如，在小朋友较多的城市社区组织开展"小小电力安全员"的活动，分三期开展。第一期向小朋友们介绍户外的不安全用电行为，让小朋友在家长的陪同下一起寻找所在社区内存在的电力安全隐患，拍照即可积分。第二期介绍家庭用电的不安全行为，并发放安全用电宣传单，请小朋友们回家后向家里的长辈再次宣传。第三期可以组织小朋友绘制安全用电手抄报，并在社区内进行展示，既丰富了活动形式，让客户感受到贴心真诚的优质服务，也可以向社区客户宣传安全用电知识，一举多得。

（二）掌握社区服务满意度调查手段

了解社区服务满意度是提供社区关怀的重要环节，也是提升服务水平的重要依据。社区经理需要掌握社区服务满意度的调查方式，针对不同的客户类型及调查目的选择合适的调查方式。不同调查方式具体说明如表4.21所示。

表4.21 调查方式及特点

调查方式	调查方式描述	调查方式特点
面访（深度访谈）	采取预约拜访的方式对不同市场成员类型客户进行面对面访谈，通过与市场主体的管理层/执行层一对一沟通交流，了解市场主体对电力交易的需求和期望，及对电力交易中心服务改进的意见建议，为交易中心服务水平提升提供针对性的依据	1. 访问员面对面直接访问目标客户，与客户沟通的时间可以根据需要灵活调整； 2. 根据被访者的具体情况可以进行深入的询问，有望获得较多内容、较高质量的访问信息； 3. 问卷回收率较高，样本代表性更强，有助于提高调查结果的可信程度

续表

调查方式	调查方式描述	调查方式特点
电话访问（CATI）	根据给定的抽样框的市场主体联系方式，通过电话访问（CATI访问）辖区内市场主体对电力交易服务的评价，完成问卷调查	1. 速度快； 2. 能够访问到不易接触的访问对象； 3. 被访者不受访问者在场的心理压力，能畅所欲言，回答率较高
网络调查	将设计成型的问卷发布到网络系统或电力交易中心自有的网络联络系统，发布成功后，自动生成网站链接或二维码，受访者仅需点击网站链接或扫描二维码即可填写问卷	1. 受访者通过手机端或PC端即可填写问卷，提高填写的便捷性； 2. 线上调查可以实时查看问卷提交情况，提高了工作效率； 3. 通过开发程序方式，对调查内容进行保密，确保整个调查过程保密工作可控

（三）掌握数字化社区关怀的功能与使用

表4.22　发布社区关怀海报（某平台操作界面及步骤）

操作界面	操作步骤
	登录进入平台后： 1. 在左侧导航栏找到"消息管理/消息推送/消息列表"，点击进入

续表

	2. 点击右上角"+新建推送"
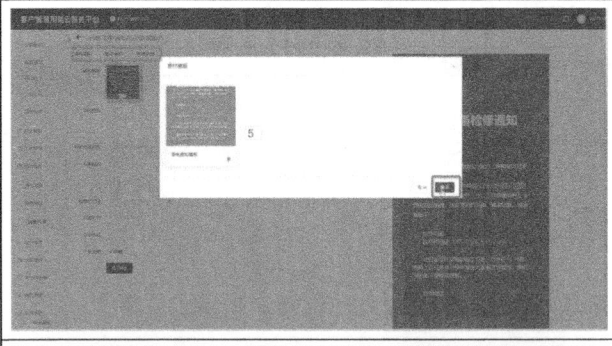	3. 根据推送信息类型选择"停电通知""表计调换"或普通信息。这里以停电通知为例。 4. 点击"素材模板"。 5. 在素材模板库中，选择需要的"停电通知模板"，点击"确定"
	6. 输入"停电原因""停电范围""补充说明"，点选"检修时间段"，输入"咨询电话"
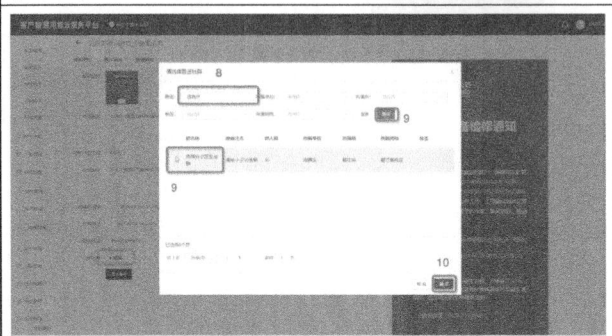	7. 点击"+添加/推送群"。 8. 输入要推送的群名关键词。 9. 点击"查询"，并勾选对应的小区名称。 10. 点击"确定"即可完成推送。 11. 扫码查看视频示意